한 학기 한 권

깊이 읽기에 빠지다

한 학기 한 권 깊이 읽기에 빠지다

발행일   2017년 10월 25일

지은이   박정순, 김연옥, 성옥자
펴낸이   손 형 국
펴낸곳   (주)북랩
편집인   선일영   편집   이종무, 권혁신, 전수현, 최예은
디자인   이현수, 김민하, 한수희, 김윤주
출판등록   2004. 12. 1(제2012-000051호)
주소   서울시 금천구 가산디지털 1로 168, 우림라이온스밸리 B동 B113, 114호
홈페이지   www.book.co.kr
전화번호   (02)2026-5777   팩스   (02)2026-5747

ISBN   979-11-5987-813-8 03370 (종이책)   979-11-5987-814-5 05370 (전자책)

이 도서의 국립중앙도서관 출판예정도서목록(CIP)은 서지정보유통지원시스템 홈페이지(http://seoji.nl.go.kr)와
국가자료공동목록시스템(http://www.nl.go.kr/kolisnet)에서 이용하실 수 있습니다.
(CIP제어번호 : CIP2017027045)

(주)북랩 성공출판의 파트너

북랩 홈페이지와 패밀리 사이트에서 다양한 출판 솔루션을 만나 보세요!
홈페이지 book.co.kr   자가출판 플랫폼 해피소드 happisode.com
블로그 blog.naver.com/essaybook   원고모집 book@book.co.kr

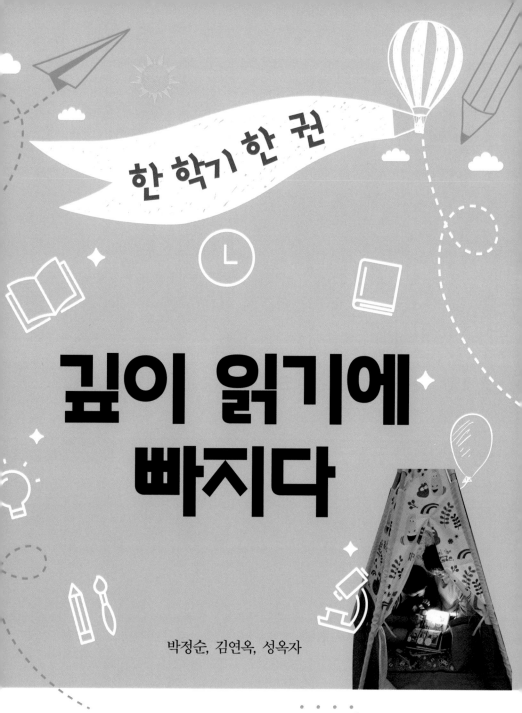

한 학기 한 권

깊이 읽기에 빠지다

박정순, 김연옥, 성옥자

수석 교사와 함께하는 즐겁고 유익한 **독서수업** 이야기

북랩 book Lab

수석 교사와 함께하는 책 읽기 수업

참 귀하고 소중한 열매입니다. 기다리고 기다리던 책이 드디어 나왔습니다. 이런 교육이 이루어지기를, 이런 책이 나오기를 우리는 얼마나 기다렸던가요.

우리는 그동안 우리 교육이 바뀌어야 한다고, 주입식 지식교육은 안된다고 다들 목소리를 높였습니다. 창의력·상상력을 길러주고, 아이들 속에 잠재된 무한한 가능성을 이끌어내는 교육을 해야 한다고 너도나도 한 마디씩 거들었습니다. 그러나 말뿐 정작 그러한 교육을 구체적으로 실천한 사람은 찾아보기 힘들었습니다. 그런데 이번에 실제로 초등학교 어린이들을 직접 지도한 세 분의 수석 선생님께서 그간의 땀과 눈물을 하나의 진주목걸이로 엮어내셨습니다.

'수석 교사와 함께하는 책 읽기' 수업을 통해서 동화책, 그림책, 동시집을 함께 읽었습니다. 느낌과 생각을 발표하고 글로 쓰고 그림으로 그리고 노래도 만들어 불러보고 연극도 해보고 때론 춤 같은 몸동작으로 표현도 해보았습니다. 이렇게 재미있고 생생하게 살아있고, 너무 좋아서 스스로 참여하는 수업을 통해 창의력과 상상력은 물론 그들 안에 숨어 있는 지적·정서적·윤리적·예술적 가능성 등이 드러나고 계발되는 모습과 그 과정이 이 책에 고스란히 담겨 있습니다.

이 책의 원고를 읽다가 저는 네 번 울었습니다. '우리에게 이런 선생님들이 계시구나.' 하며 한 번. '우리 어린이들이 이렇게 멋진 수업을 받을 수 있구나.' 하며 두 번. '이런 책이 드디어 나왔구나.' 하며 세 번. '이런 책은 내가 써야 하는데 이분들이 먼저 써버렸네, 아이 질투나.' 하며 네 번.

　이 책이 어린이들은 물론 다른 많은 선생님들과 부모님들에게 진정한 교육을 위한 보물과 같은 책이 될 것이라고 굳게 믿습니다. 우리 교육의 미래는 밝습니다. 우리나라는 희망이 있습니다.

　세 분의 수석 선생님! 대단히 멋지십니다. 그리고 정말 고맙습니다.

2017년 10월 눈물을 닦으며

시인, 교육학박사

임문혁

학교에 꿀을 바르는 '한 학기 한 권 읽기'

이 책의 제목을 보자마자 든 첫 생각은, '한 학기 한 권이라니? 그렇다면 그동안 해왔던 독서 교육과의 차이가 뭐지?'였다. 하지만 책을 읽기 시작하면서부터는 '맞아, 바로 이거야. 학교에 드디어 꿀을 바르는구나!' 하고 무릎을 탁 쳤다.

나는 40년 동안 교사를 하면서 아이들의 마음을 들여다보려고 애썼다. 아이들은 저마다 하고 싶은 이야기들을 가슴에 담고 있다. 마음속에 담긴 그 이야기들을 많이 풀어낼수록 아이들은 행복하다. 말하고 싶은 것들을 자유롭게 말하지 못하고 꾹꾹 눌러 참고 억누르고 쌓아놓을 때 아이들은 분노하고 역기능적인 행동을 하게 된다. 그런데 '한 학기 한 권 읽기' 수업 방향과 방법이 구체적으로 소개된 이 책을 보니 바로 그 아이들의 마음을 들여다보는 확실한 방법이 구체화되어서 이제 상담을 원하는 아이들이 많이 줄어들 것이란 기대까지 하게 되었다. 그래서 무척이나 기분이 좋다. 아마도 학생과 교사가 함께 독서치료의 효과까지 기대할 수 있는 선물 보따리란 생각이 큰 때문이리라.

아이들이 가슴에 끌어안고 있던 자기만의 이야기를 충분히 털어놓고 난 날은 뿌듯하고 만족스러운 기분으로 책가방을 흔들며 날아갈 듯이 교문을 나설 것이다. 사실 학교현장이 그렇게 여유롭지 않아서 자기 안의 이야기를 여유롭게 털어놓을 시간이나 공간적 여유가 없는 것이 안타까웠다.

그런데 '한 학기 한 권 읽기'가 당당하게 교육과정 안에 들어옴으로써 아이들을 행복하게 해주기에 충분한 선물 보따리가 주어진 셈이다. '책을 읽으면서 이야기하다 보니 마음속에 열이 나는 것 같다'는 학생. '자유롭게 해주세요'란 소원을 글로 쓰는 학생. 수업진행과정이 그대로 기술된 부분에서 아이들의 다양한 생각을 들어보니 이제 음성적인 왕따 문화, 소외, 긴장과 갈등, 폭력 등은 서서히 사라질 것이 예견되어 다행스럽다.

"존, 지각을 했구나."라고 부드럽게 말해주면 지각을 안 할 것을 선생님이 화를 내면서 정색을 하고 말하면 더 지각하고 싶어질 것 같다며 선생님들의 행동지도방법까지 살짝 귀띔해 주는 천연덕스런 아이들을 '한 권 책 읽기'를 통해 만나는 기쁨도 크다.

시는 어렵고 재미없었다던 한 아이의 말을 귀담아듣고, 동시로 친구들과 서로 공감하고 마음을 여는 감성 수업을 준비하여 결국 모든 아이가 시인이 되도록 한 이야기를 읽을 땐 나도 시가 어려운데 지도받고 싶다는 생각까지 하게 되었다.

'한 학기 한 권 읽기'를 통해 아이들에게 먼저 행복을 맛보게 했던 저자들의 귀한 경험들은 보석처럼 빛난다. 이제 대한민국의 모든 초등학교 교실에서 손에 손에 책을 들고 생명 넘치는 웃음소리가 피어나길 기대한다.

『스위치 대화의 힘』 저자, 문학박사

한영진

머리글

깊이 읽기에 빠지다

1학기 수업시간 동안 '한 학기 한 권 깊이 읽기'를 실천한 후 여름방학을 앞둔 아이들과 이야기를 나누었다.

"한 학기 동안 수업 시간에 함께 책을 읽고 여러 활동을 한 후 변화된 자신의 모습에 대해 이야기 나눠볼까요?"

"혼자 읽으면 책 읽는 것이 귀찮기도 하고 싫었는데 함께 읽으니 재미있어요."

"책을 대충 읽었는데 꼼꼼히 읽는 방법을 알았어요."

"주인공의 마음을 예측하는 능력이 생긴 것 같고 책에 대해 더 잘 이해할 수 있게 되었어요."

"선생님께 새로운 책을 소개받아서 좋았고 점점 더 두꺼운 책을 읽게 되었어요."

"어려운 말이 나올 때 모르는 낱말을 알고 넘어가니 훨씬 이해가 잘 되었어요."

"글을 상상하며 읽게 되고 상상한 것을 글로 쓸 수 있게 되었어요."

"예전에는 책을 죽 훑어보듯이 읽고 책 속에 빠지지 못했는데 함께 읽고 이야기 나누면서 독서하는 방법을 알게 되었어요."

"짧은 책만 읽었는데 긴 책을 읽게 되었어요."

"친구들과 재미있는 부분을 찾아 반복해서 읽고 함께 웃으니 사이도 좋아진 것 같아요."

"독서기록장이 길어졌어요. 자세히 책을 보다 보니 쓸 말이 많아졌어요."

"집에 있는 책에 관심을 갖게 되고 책들을 찾아 읽게 되었어요."

"전에는 엄마가 책을 사준다고 했을 때 별로 기분이 좋지 않았는데 이제는 책을 사 준다고 하면 함께 서점에도 가고 책도 고르고 좋아요."

"재미있게 읽은 책은 그 작가의 다른 책들도 찾아서 읽게 되었어요."

"한 분야만 집중해서 읽는 편이었는데 읽는 책 분야가 넓어졌어요."

"성적도 오르게 되고 더 많이 책을 읽게 되었어요."

"『진짜 도둑』을 읽고 사람들 사이 믿음이 얼마나 소중한지 알게 되었어요."

"다른 사람을 의심하는 편이었는데 책을 통해 신뢰가 중요하다는 것을 알고 고치고 싶은 생각이 들었어요."

아이들은 스스로 변했다. 책이 재미있다는 것과 책과 노는 방법을 알았다. 심심할 때 책을 찾고 두꺼운 책도 도전하면서 '글밥'이 많은 책이 재미

있다는 것도 알았다. 무심히 책장에 꽂혀있던 책들에 눈길이 가고 한 번 읽어 볼까? 하는 마음이 생기기도 하면서 가족들과 책 읽는 시간이 행복한 것임을 알았다.

누군가 시켜서 하는 공부 같은 책 읽기가 아니라 스스로 찾아 읽으면서 자신만의 시간을 갖는 힘이 생겼다. 수업 중 함께 소리 내어 책을 읽고 마음이 흔들리는 곳에서 충분한 이야기를 나누고 나의 이야기를 글로 펼쳐내면서 아이들은 성장했다. 책 읽기를 통해 '나는 어떻게 살고자 하는가?'의 질문을 자신에게 끝없이 던지면서 마음이 단단해지는 것이다. 그런 내가 모여서 서로를 보듬는 우리로 성장할 수 있으리라 생각한다.

'한 학기 한 권 깊이 읽기'를 통해 아이들은 스스로 책 읽기에 빠지고 이런 경험이 지속적으로 다져진다면 평생 독자로서의 싹을 틔울 것이라 믿는다.

2018년부터 교과서에 새롭게 들어가는 국어과 독서 단원을 초등학교 선생님들, 학생, 학부모님들과 함께 즐겁고 의미 있게 공부하면 좋겠다는 바람으로 시행해 본 '한 학기 한 권 깊이 읽기' 독서수업 이야기를 책으로 엮었다. 이 책을 길잡이 삼아 학생, 학부모님들과 선생님들이 모두 함께 깊이 읽기에 빠져보고 생각과 경험을 서로 나누는 즐거움을 누릴 수 있으면 좋겠다.

2017년 가을

박정순, 김연옥, 성옥자

목차

1장

2장

1장

한 학기 한 권 읽기

1. 독서로 마음의 힘 키우기

세월호의 아픔을 겪으면서 우리 학생들에게 필요한 것이 배움의 힘만은 아니라는 생각이 들었다. 아이들이 살아가면서 각자가 부딪치게 되는 수많은 상황들에 대처하는 방법과 지식을 교실에서 다 가르칠 수는 없는 일이다. 하나하나가 다 다르게 겪게 될 자신의 상황에 맞추어 스스로 생각하고 결정하여 행동할 수 있는 마음의 힘을 키워주는 방법은 없을까?

책 속에 길이 있었다. 6학년 국어 교과서에 『말괄량이 삐삐』가 읽기 자료로 실렸을 때 린드그렌 작가의 다른 동화책을 안내하는 책으로 『나의 린드그렌 선생님』이 학년 권장 도서가 되었다.

유은실 작가의 이 책에는 주인공이 말괄량이 삐삐 이야기로 시작해서 린드그렌 선생님의 동화책을 한 권 한 권 읽어 나가며 마음의 힘을 키워가는 과정이 그려져 있다. 혼자서 외로움에 지쳐 엄마를 원망하던 주인공은 독서의 힘으로 외로움과 쓸쓸함을 이겨낼 수 있게 된다. 거기서 한 걸음 더 나아가 주변의 외로운 사람들의 마음을 헤아릴 수 있는 아이로 성장하게 되고 린드그렌 책벌레를 옮기는 독서 전도사가 되기로 결심한다.

한 작가의 책 두어 권을 읽고 나면 그 작가에 대해 다 알아버린 듯 더 읽지 않게 되는데, 이 책은 '책을 깊이 사랑하고 읽으면 마음이 자라고 타인을 위해줄 수 있는 힘이 생기는구나. 그래서 쓸쓸하고 힘들고 지친 우리 아이들에게 독서의 힘을 꼭 전해야겠구나.' 하는 다짐을 다시 하게 한다.

　수업 시간 중에 학생들에게 필요한 내용이 담긴 책을 골라서 천천히 생각을 나누며 마음의 힘을 키워나갈 수 있기를 소망해왔다. 그러나 교육과정이 꽉 짜여 있어 교과서에 담긴 내용들을 전달하기에도 늘 시간이 부족하였다. 이제 국어과 한 단원을 비워 한 학기 한 권 읽기를 할 수 있는 여건이 마련되었다. 『나의 린드그렌 선생님』 책 속의 주인공 비읍이처럼 좋은 책을 골라 한 권 한 권 함께 읽어 나가며 학생들과 교사의 마음이 더불어 자라나는 것을 지켜보고 싶다. 우리 아이들의 마음의 힘이 독서의 물을 먹으며 쑤욱 쑥 커가는 모습은 얼마나 사랑스러울까?

2. 국어 시간에 책을 읽어요

    2015년 개정 교육과정에 맞춰 2018년부터 새 교과서로 공부하게 되는 초등학교 3, 4학년은 국어과 첫 단원으로 독서 단원을 만나게 된다. 이것은 독서 교육이 담임교사의 재량에 따라 지도하거나 지도하지 않거나 선택할 수 있었던 지난 시기와 확연히 구별된다. 일기 쓰기 지도처럼 담임교사가 글쓰기 지도와 생활지도를 위해 학생들에게 일기를 쓰게 하고 검사를 하거나 하지 않거나 할 수 있는 선택 과정이 아니라 독서 학습이 국어 교과과정으로 들어가 교육하고 평가를 해야 하는 필수 과정이 되었다는 것이다.

    국어과 교수·학습의 방향은 국어 활동의 총체성을 고려하여 통합형 교수·학습을 계획하고 운용하도록 했다. 국어 교과 내, 국어 교과와 다른 교과 간, 국어 교과와 비교과 활동 및 학교 밖 생활과의 통합을 통해 국어지식의 단절을 극복하고 삶의 연속성 위에 개성 있고 품위 있는 국어 생활을 추구하는 데 중점을 두고 있다. 이를 실현하기 위한 방편으로 한 학기에 한 권, 학년 수준과 학습자 개인의 특성에 맞는 책을 선택하여 긴 호흡으로 읽을 수 있도록 도서 준비와 독서 시간 확보 등의 물리적 여건을 조성하고, 읽고, 생각을 나누고, 쓰는 통합적인 독서 활동을 국어 수업 시간에 학습자가 경험하도록 교과서를 재구성하였다.

    한 학기 한 권 읽기라니? 한 주에 한 권 읽기가 아니었어? 독서지도가 느슨해진 거야? 이 내용을 처음 대할 때 그동안 한 주에 한 권 읽기로 초등학교 독서 300운동(6년간 300권의 책 읽기)을 실천해오고 있던 교사와 학부모들은 모두 의아한 생각이 들었을 것이다.

그간의 독서 300운동은 개인의 능력에 따라 각자 혼자 읽기로 진행되어 왔다. 독서 300운동의 효과를 파악하기 위해 독서 이력을 기록하게 하고 독서 실천 기록을 학생부에 올리게 되자 많이 읽기를 더욱 권장하게 되었고 가볍게 빨리 읽는 습관이 자리 잡게 되었다.

그러나, 다방면의 많은 지식을 갖추고도 『나무를 심은 사람』 책 한 권을 제대로 읽어내지 못해 혼자서 30년간 나무를 심어 황무지를 울창한 숲으로 가꾼 사람의 이야기를 쓴 작가의 이름을 묻는 골든벨 마지막 문제를 맞히지 못해서 안타까워하는 학생이 있었는가 하면 『나무를 심은 사람』 책 한 권을 깊이 읽고서 산림 자원의 육성에 뜻을 세우고 서울대 산림과학부로 진학한 학생을 주변에서 보면서 책 한 권을 만나서 천천히 깊이 있게 읽고 자신과 타인과 세상을 돌아보며 삶의 목표를 세우는 일이 얼마나 귀한 일인지 확인하게 되었다. 이런 이유로 더불어 사는 사람을 키우고 공동체의 삶의 질을 향상시킬 수 있게 하는 인성 교육이 지식 교육보다 더 긴요해진 시점에서 독서 교육이 더욱 필요해지게 된 것이다.

교육의 방향이 개인의 수월성 교육에서 더불어 사는 민주 시민교육으로 전환되었고 독서 교육이 국어 교과 안으로 들어 왔으니 이제는 혼자 하는 독서가 아니라 함께 하는 독서를 어떻게 할 것인가를 생각해 보게 되었다. 그래서 함께 하는 독서의 수업 구성이 필요해졌다.

3. 독서 단원의 수업 구성

국어과 교과 역량은 비판적·창의적 사고 역량(다르게 생각하기), 자료·정보 활용 역량(자료 찾아보기), 의사소통 역량(함께 이야기하기), 공동체·대인 관계 역량(마음 나누기), 문화 향유 역량(누리며 즐기기), 자기 성찰·계발 역량(자신 알아보기)으로 구성되어 있다. 이 6가지 역량을 듣기·말하기, 읽기, 쓰기, 문법, 문학 등의 모든 영역에서 총체적으로 언어 학습 기회를 제공할 수 있는 단원이 독서 단원이다. 한 학기 한 권 독서 단원 설정의 근거는 2015년 개정 국어과 교육과정에 다음과 같이 명시되었다.

설정 근거	• 한 학기에 한 권, 학년(군) 수준과 학습자 개인의 특성에 맞는 책을 긴 호흡으로 읽을 수 있도록 도서 준비와 독서시간 확보 등의 물리적 여건을 조성하고, 읽고, 생각을 나누고, 쓰는 통합적인 독서 활동을 학습자가 경험할 수 있도록 한다.

이를 근거로 독서 단원의 수업 구성은 국어과 교사용 지도서에 다음과 같이 안내되어 있다.

수업 구성	• 학생들이 한 학기 동안 천천히 깊게 읽는 경험을 가지도록 한다. • 독서 습관의 지속과 내면화를 위해 한 학기에 한 개 단원(8차시 이상)을 기본으로 한다. • 독서 단원에서만 지도하거나, 독서 단원과 다른 단원을 연계하여 지도하거나, 국어과 전 단원과 연계해서 한 학기 내내 독서지도를 할 수 있다. • 독서지도 단계는 책 선정 및 읽기 전 활동→읽기 활동 →독후활동 및 독서 경험 나누기의 3단계 모형을 원칙으로 한다. • 독서 자료 선정은 교사가 제공하는 책 목록과 책 선정하기 전략에 의해 학생이 스스로 선택하도록 한다.
	• 1학기에는 한 학급이 동일한 책 한 권을 선정하고, 2학기에는 소집단끼리 다른 책을 선정하는 등 도서 선정 방식을 달리할 수 있다. • 부분적인 텍스트가 아니라 완결된 텍스트를 수용하고 산출하는 활동을 강조한다.

독서 수업의 구성은 한 학기에 8차시 이상을 교사가 자율적으로 시간 배정을 할 수 있게 되었다. 학년이나 학급 전체가 같은 책을 읽을 것인지, 모둠별이나 개인별로 다른 책을 읽을 것인지도 학생과 교사가 함께 의논하여 결정할 수 있다. 독서수업을 설계할 때에 국어과 교육과정의 내용성취 기준을 보고 성취 기준을 충족시킬 수 있는 수업설계를 하는 것이 좋다. 예를 들면 대화의 즐거움을 알고 대화를 나누거나, 읽기 경험과 느낌을 다른 사람과 나누거나, 쓰기에 자신감을 갖고 자신의 글을 적극적으로 나누는 태도를 기른다는 성취 기준을 충족시키기 위해서는 한 학급이 같은 책을 선정하여 함께 읽기로 정하는 것이 좋겠다는 생각이 든다. 1학기에 반 전체가 같은 책을 함께 읽기 하는 경험을 가진 후 2학기에는 짝과 함께 읽고 싶은 책을 의논하여 정하거나, 모둠별로 원하는 책을 선정하여 4~6명이 머리를 맞대고 모둠별 독서 나눔을 할 수 있는 힘을 기르는 것이 좋겠다.

4. 한 학기 한 권 읽기에 오기까지

한 학기 한 권 읽기가 국어과 교육과정으로 들어오기까지 거쳐온 징검다리들이 많이 있다. 국가 교육과정의 부족한 점을 현장교사들이 보완해 온 다양한 독서 교육의 방법들 중에서 살펴보자.

아침 독서 – 지속적 읽기

한 학급 또는 한 학교 전체가 교사를 포함해서 정해진 시간 동안 지속적으로 조용히 읽기에 참여해 온 독서 교육 방법이다. 꾸준히 일정 시간 동안 방해받지 않고 조용히 책을 읽음으로 학생 개개인의 자율적 독서 습관을 길러 주고 독해력과 국어 사용 능력을 향상하기 위한 것이다. 많은 학교에서 오랫동안 아침 독서를 진행하여 독서력을 높여 오고 있다. 아침 독서는 대체로 다음의 원칙을 지킨다.

- 자신이 자발적으로 선택한 자료를 조용히 읽는다.
- 학생들이 읽는 동안 교사가 같이 읽음으로 학생의 모델이 되어 읽기의 중요성과

가치를 보여 준다.

- 학생들은 책, 잡지, 신문 등 자신이 원하는 독서 자료를 선택할 수 있다.
- 읽기 활동 시간은 매일 같은 시간으로 정해져 있고 그 시간 동안은 방해받지 않는다.
- 읽기 후 독후 기록은 일체 하지 않는다.
- 학급 전체 혹은 학교 전체가 참여해 바람직한 언어생활 환경을 조성한다.

느리게 읽기

슬로 리딩의 창시자이자 『슬로 리딩』의 저자인 하시모토 다케시는 공부를 싫어하는 아이들에게 '놀이'를 통해 '배움'에 대한 흥미와 즐거움을 주고자 '은수저 슬로 리딩법'을 고안해 냈다. "배우는 것이 싫다."고 말하는 아이에게 교사 스스로 아이들의 눈높이와 요구에 맞게 교재를 개발하고 교안을 마련하고자 한 데서 슬로 리딩법은 시작되었다. 그는 죽어라 공부만 시키는 주입식 교육으로 얻은 지식은 금방 잊어버리기 마련이라며, 부지런히 반복해서 읽고 쓰고, 생각하기를 거듭하라고 충고한다.

그가 오랫동안 해온 슬로 리딩 학습법은 간단하다. 소설 『은수저』를 3년에 걸쳐 꼼꼼하게 읽으며 읽기와 쓰기, 생각하기 등 다방면으로 접근하는 것이다. 함께 소설을 읽어 나가며 어려운 낱말이 나오면 찾아보고, 활용하여 기록으로 남기거나, 글 속에 등장하는 놀이나 먹을거리, 예를 들면 연날리기나 설음식 만들어 먹기 등을 실제로 해 보기도 하고, 100가지 일본 시를 카드로 만들어 맞추는 놀이를 하는가 하면, 수업하며 관련 활동으로 가지를 치는 '샛길'로 빠져 일상생활의 다양한 상식을 배울 수 있도록 하는 것이다. 우리 교육 현장에도 슬로 리딩 학습법으로 국어과 학습 내용을 재구성하여 깊이 읽기를 시도해 온 교사들이 많이 있다.

온 작품 읽기

온 작품 읽기는 국어 수업을 할 때 교과서에 실린 부분 작품 읽기에 만족하지 않고 온전한 전체 작품을 읽음으로 작가의 의도에 좀 더 가까이 가며 삶의 변화와 성장을 도모하고자 하는 방법이다. 그동안 교과서에는 지면의 제약으로 일부분만 제시하거나 요약하여 실린 문학작품이 많았다. 이 경우 문학작품이 가지고 있는 감동과 가치를 전달할 수 없거나 그 힘이 터무니없이 줄어든다는 것을 알고 학생들에게 온 작품을 읽혀온 교사들이 많이 있었다.

온 작품 읽기 수업을 운영하던 교사들의 실험 과정을 거쳐 전국 초등 국어 교과 모임에서 온 작품으로 대안 교과서를 만들어 수업하자는 운동이 일어났다. 이에 뜻을 같이하는 교사들이 모여 함께 연구하고 선정한 책을 읽고 지도하며 그 성과를 낸 경우도 많이 있다.

온 작품 읽기 운동은 지금도 현장교사들이 꾸준히 실천하고 있고 교과서 수록 작품도 가능하면 온 작품을 수록하고자 힘쓰고 있다.

함께 읽기는 교실에서 학생들이 함께 책을 읽는다는 것이다. 학교별로 학년별 윤독 도서를 마련하여 각 학급이 반별로 같은 책을 읽고 활동하는 것이다. 이때 매일 읽은 내용을 공책에 메모하며 독서 기록을 하여 수업에 활용하기도 한다.

학급 담임이 학생들에게 책을 읽어 주기도 한다. 그림책을 꾸준히 읽어 주기도 하고, 『플랜더스의 개』나 『몽실언니』와 같은 장편의 동화를 매일 연속으로 읽어 준다. 또한 정규 수업 시간에 교사와 학생들이 함께 책을 읽으면서 배움을 주고받는 협력 학습을 실천하기도 한다.

함께 읽기의 독서 수업을 통한 뜨거운 공감과 성장의 기록을 모아 책을 펴내는 교사들도 있다. 또 일반인들의 독서 공동체에서도 함께 모여 읽으며 독서로 놀고 공부하며 공동체를 이뤄갔던 경험을 담아 책으로 내기도 한다.

한 학기 한 권 읽기

이와 같은 다양한 독서 교육 활동을 통해 책을 읽는다는 것이 무엇인지, 그리고 읽기를 가르친다는 것이 무엇인지를 깊이 성찰할 수 있다. 필자는 그동안 국어 교과서 집필을 하며 7차 개정 교육과정 5학년 국어 교과서에 동화 『마당을 나온 암탉』을 실었다. 대한민국 모든 5학년 학생이 이 작품의 원전을 읽기를 바라는 마음이었으나 교과서에는 지면의 제약으로 앞부분 일부만을 실을 수밖에 없어, 교사용 지도서에 동화 원전을 찾아 학생들이 전편을 읽기를 바란다는 안내를 하였다. 이어서 2009년 개정 교육과정에서는 6학년 국어 1단원에 동화 『우주호텔』의 거의 전문을 실어 문학작품을 읽는 것으로 국어 수업을 시작하도록 교과서에 제시하였다. 그런 과정을 거쳐 이제는 국어 교과서에 한 학기 한 권 읽기를 독서 단원으로 배정하게 되었다.

초등학교 때 읽은 책이 평생을 좌우한다는 신념으로 그동안 뜻있는 현장교사들이 온 작품 읽기, 슬로 리딩, 깊이 읽기, 함께 읽기 등의 방법으로 독서 교육을 해오던 것이 이제 한 학기 한 권 읽기로 국어과 교육과정 안으로 들어오게 된 것이다.

5. 한 학기 한 권 읽기 어떻게 할까?

동화책 깊이 읽기

'배움을 즐기는 행복 교육'에서는 '진짜 독서 수업'을 강조한다. 몇 권을 읽게 하느냐가 아니라 한 권을 제대로 깊이 읽어 책 읽기가 자신의 변화를 가져올 수 있도록 하자는 것이다.

2018년부터 초등학교 3, 4학년 국어 수업 시간에 학생들이 함께 책을 꼼꼼히 읽고 생각을 나누는 독서 수업이 실시된다. 이때 독서 수업의 방향은 학생들이 함께 읽을 책을 선정하고, 선정된 책으로 함께 읽기 활동을 하는 것이다. 읽기 전 활동은 표지와 제목을 보고 질문하기 활동 등으로 책에 관심을 갖고 접근한다. 그리고 책을 소리 내어 함께 꼼꼼히 읽으면서 인물의 심정 헤아리기, 사건에 따라 글 요약하기, 배경에 따른 지식 확장하기 등으로 글의 이해를 돕는다. 읽은 후 인상적인 장면이나 표현 찾기, 자신의 생각을 서로 나누는 독서토론 활동 등 다양한 독후활동으로 마무리한다.

📖 책의 선정

독서 수업을 할 때 가장 큰 어려움은 어떤 책을 선정하느냐 하는 문제이다. 도서관이나 연구 단체, 출판사 등 여러 곳에서 권장 도서 목록을 발표하지만, 그 책을 교사가 직접 읽어 보지 않고 책을 정한다면 결코 성공적인 독서 수업에 이를 수 없다. 다른 사람에게 감동 있는 책이 나에게도 그러리란 법은 없기 때문이다. 특히 학생들과 함께 깊이 읽어야 하는 독서 수업의 경우 교사의 감동이 없이는 수업의 감동을 이끌어낼 수 없다. 그러기에 직접 학생들이 읽을 책을 미리 읽어 보며 학생들의 성향을 잘 파악하여 책을 추천하고 선정하는 것이 필요하다.

의자가 뒤로 넘어갈 정도로 재미있는 책이 있었다. 그 책으로 학생들과 수업을 하였을 때 책 읽기의 재미 그 이상의 의미를 찾는 데 다소 어려움이 있었다. 재미 이상의 의미가 담긴 책을 선정하여 수업을 진행할 때 학생들 내면의 변화와 깊은 성찰을 기대할 수 있다. 재미있으면서 의미가 있는 책을 선정할 수 있는 교사의 안목과 열의는 학생들 스스로 책을 선택할 때 길잡이가 될 것이라 믿는다.

학급 전체가 함께 읽을 책을 선정하여 '한 학기 한 권 읽기'를 실천할 때 책 읽기 전, 중, 후 활동들은 학생들의 요구와 바람들을 반영하여 구성하는 것이 바람직하다. 선정한 책을 읽다 보면 마음을 멈추게 하는 문장이 있고 기억하고 싶은 장면이 있다. 그곳에 머물면서 학생들과 대화하고 토론하고 자신의 변화를 감지하면 된다. 그리고 선정한 책의 주제와 맞닿는 활동들을 창의적으로 학생들과 함께 만들어 가면 '한 학기 한 권 깊이 읽기'의 목적에 부합되는 시간을 가질 수 있을 것이다. 또한 교사가 추구하는 가치와 강점을 살린 '한 학기 한 권 읽기'도 또 다른 방법이 될 수 있다. 예를 들어 환경에 가치를 둔 학급운영을 하고자 하는 교사는 『나무를 심은 사람』책을 학생들과 함께 읽고 일 년 동안 환경 실천을 통해 매일매일 나무를 심는 사람과 같이 되도록 지도할 수 있다. 책 읽기가 동기가 되어 삶의 실천으로 이어질 수 있게 하는 것이다. 앎이 삶으로 이어지는 진정한 독서의 힘이 발휘될 수 있다.

읽기 전, 중, 후 활동

동화책 읽기 전 활동에서는 제목이나 그림을 보고 이야기를 예상하거나 차례를 보고 내용을 추론할 수 있다. 제목을 보고 질문을 만들어 보면서 펼쳐질 이야기에 흥미를 갖고 예상해 보는 것도 책 이해에 많은 도움이 된다. 또한 작가 및 책의 정보를 학년 수준에 맞게 설명해주는 것도 책을 이해하는 데 도움이 된다. 책의 두께나 어려운 낱말의 수준 등도 학생들이 스스로 책을 선택해야 할 때 도움을 줄 수 있는 정보들이다.

책을 읽는 시간은 다양할 수 있다. 아침 독서 시간이나 수업 시간 또는 자율적으로 시간을 정하여 꾸준히 읽도록 해야 한다. 읽어 가면서 뜻을 잘 모르는 낱말은 스스로 정리하고, 맥락을 통해 이해하거나 국어사전이나 인터넷 사전을 활용하여 뜻을 익히는 습관이 중요하다. 이러한 과정을 통한 어휘력의 신장은 다른 사람을 이해하거나 나를 표현할 때 꼭 필요하다. 또한 읽는 도중 기억하고 싶은 문장이나 아름다운 표현 등을 베껴 쓰는 것도 책 읽는 중에 필요한 독서 습관이다. 이는 자극과 변화의 요소가 되어 훗날 두고두고 스스로에게 많은 생각을 가져다줄 것이다.

책 읽는 방법 또한 여러 가지이다. 처음엔 교사가 읽어 주면서 속도와 목소리의 크기, 감정 등을 보고 배울 수 있도록 한다. 그다음엔 교사와 학생이 한 문장씩 돌아가면서 읽기도 하고 역할을 나누어 읽을 수도 있다. 혼자 읽을 때와 함께 읽을 때는 확실히 다르다. 같이 목소리를 모아 읽을 때 책에 대한 몰입도가 높아질 뿐 아니라 그 상황에 어울리는 분위기가 만들어져 감동이 더해진다.

책 읽는 중에 멈추게 되는 순간이 학생들이 성장하게 되는 시간이다. 책을 읽다 보면 인물의 마음에 동화되기도 하고 슬픈 장면에 울컥하기도 하고 감동적인 장면에서는 질문과 대화를 통해 더욱 깊이 자신을 성찰할 수 있게 된다. 그 감동의 순간을 오래도록 지속시키는 것이 독서 활동의 묘미이다. 교사는 학생들에게서 나온 질문과 더 해보고 싶어 하는 마음을 연결시킬 수 있는 활동으로 문학작품을 더 깊이 이해할 수 있도록 이끌어주는 것이 중요하다.

학생들과 의미 있는 독후활동을 하고자 한다면 동화책의 주제나 그 책만이 갖고 있는 독특함을 살펴볼 필요가 있다. 어떤 책은 토론하기에 적합한 책이 있고 어떤 책은 자신을 돌아보며 자존감을 높이는 데 초점을 맞추어야 할 책이 있다. 그리고 어떤 책은 창작으로 이어질 때 진정으로 깊이 읽기가 완성되는 것이 있다. 익숙한 독후활동이 아닌 그 책만이 갖는 특별함을 잘 녹여낸 독후활동이 이어질 때 그 책은 많은 감동으로 남아 있을 것이다.

🎨 교육과정 재구성

'한 학기 한 권 읽기'와 교육과정 재구성의 연결 고리는 강력하다. 교사는 학급 학생들의 수준과 경험에 따라 책을 선정하고 성취 기준에 따라 교육과정을 재구성하여야 한다. 이들의 연결 고리가 끈끈할수록 학생들에게 더욱 의미 있는 교육 활동이 되고 이는 학생들을 평생 독자로 이끄는

데 크게 기여할 것이라 생각된다.

수업에 있어서 가장 중요한 것은 자신의 말과 행동에 의미를 부여하는 것과 앎과 삶을 연결하는 것이다. 교사는 수업과 학생들의 삶을 의미 있게 연결시켜 주는 역할을 해야 한다. 그것은 교육과정 재구성을 통해 가능하다. 국가 수준의 교육과정은 표준화되어 제시된 것으로 각 학급 상황에서는 학생들의 수준과 경험에 맞게 구체화하여 가르쳐야 한다. '한 학기 한 권 읽기'의 시행은 교육과정 재구성이 이제는 선택이 아니라 필수가 되었음을 의미한다. 교사는 교육과정을 재구성함으로써 교육과정 개발자와 설계자의 역할을 할 수 있고 전문가로서의 자질을 드러낼 수 있다.

같은 학교, 동일한 학년이라 해도 학급에 따라 교육과정의 색채는 같을 수 없다. 학생들의 경험이 다르기에 국가 수준의 교육과정을 학급에 맞게 변화시켜야 한다. 이것이 재구성이다. 교육과정을 재구성하는 것은 교육과정의 내용 범주 내에서 전문성 있는 교사에 의해 재해석되고 재배치되는 과정이다. 교사는 교육과정을 재구성할 때 재구성의 목적과 범위 및 방법을 분명히 하여 교육과정을 특성화, 다양화하되 학생들을 중심에 두고 목표, 내용, 방법, 평가 등을 고려하여 설계해야 한다.

학생들이 주인이 되는 독서

학생들이 주인이 되어 선정한 책을 꼼꼼히 함께 읽어 가면서, 학생들의 요구와 바람을 담아 생각을 나누고 감동을 더해갈 때, 책 읽기가 학생들의 삶에 깊숙이 들어와 나를 돌아보고 다른 사람을 자신의 세계에 함께 안으려는 마음을 갖게 할 것이다. 이것이 나를 변화시키고 아름다운 세상을 만들어 가는 자세인 것이다. 이런 멋진 일은 책을 함께, 꼼꼼히, 깊이 읽기로 가능해진다.

그림책 꼼꼼히 읽기

평소 수업 시간에 도입 활동으로 그림책을 읽어 주며 그림책이 전하는 짧은 글, 긴 여운이 주는 매력을 경험한다. 때로는 그림책을 깊이 읽으며 그림이 전하는 의미를 자세히 탐구해 보기도 한다. 5분 정도면 읽을 수 있을 정도로 단순해 보이는 그림책도 자세히 들여다보며 새롭게 보이는 것들을 찾다 보면 한 시간이 지나도 끝없이 찾아지는 것들이 있다.

그림책에서 글 위주로 읽으면 무척 시시하고 당황스럽기도 하다. 그림책의 그림은 책의 삽화처럼 글을 도와주는 것만이 아니라 그림 그 자체가 글보다 더 중요한 역할을 하기도 하며, 이때 그림책에서 글과 그림은 대위적으로 배치되어 서로를 보완하고 완성한다.

그림책에 담긴 심리적인 장치들, 그림에 드러나는 작가의 의도, 비유와 상징, 옛이야기 삽입, 숨은그림찾기 등 그림 속에 숨겨진 비밀을 하나하나 캐 보며 그림책을 깊이 들여다보는 활동은 무궁무진하다. 즉 그림책은 그림을 함께 자세히 들여다보는 활동을 하며 독자의 관심과 깊이만큼 얼마든지 다양하게 읽을 수 있기 때문에 1학년에 읽은 책을 3학년 또는 6학년에서도 읽을 수 있는 것이다.

또한 그림책을 깊이 읽는 방법으로 작가 중심의 읽기 활동을 할 수 있다. 우리 문학사에 가장 의미 있는 작가 권정생을 학생들과 함께 탐구해 보았다. 작가를 살피는 일은 작가의 세계관이나 작품의 특징을 알게 되고 작품 이해에 많은 도움이 되기 때문이다.

그림책은 그림이 모든 이야기를 한다. 그림을 자세히 들여다보며 의미를 찾아내는 재미, 나아가 아예 글이 없이 그림만 있는 책도 깊이 있게 탐구하며 읽어 보았다. 그림을 보며 상상하고 생각을 펼쳐 가는 일은 전적으로 독자의 몫이다.

자기 표현력이 강하고 언어가 폭발적으로 발달하는 중학년 시기에는 그림만을 보며 다양한 활동과 함께 이야기를 만들어 내는 '나도 작가' 활동에 매우 흥미를 갖고 참여한다. 자신의 관심에 따라, 또 자신이 가진 깊이만큼 그림에서 이야기를 찾아 읽으며 미래 교육이 지향하는 상상력과 창의력을 개발하는 것이다.

동시집 함께 읽기

그동안 국어 교과서의 첫 단원은 동시 감상 자료로 시작해 왔다. 그러다가 동시보다 이야기를 더 좋아하는 학생들의 성향을 감안하여 이야기 읽기 자료를 1단원에 두기도 하였다. 사실 교사 중에도 동시 지도의 어려움으로 인해 이야기로 시작하는 교과서의 구성을 환영하는 분들이 있던 실정이다.

그렇지만 함께 읽고 미적 체험을 나누기에는 동시만큼 좋은 것이 없다. 동시 감상을 통해 짧은 글 안에 담겨 있는 기쁜 마음과 간절한 마음, 말의 재미와 톡톡 튀는 생각을 읽으며 친구들과 마음을 열고 서로 간의 이야기를 나눌 수 있다.

2015년 개정 교육과정에서 강조되는 인성 핵심 역량 중에서 특히 초등 3, 4학년이 키워야 할 역량은 공감 능력이다. 동시는 한 편 한 편이 완성된 작품으로 독자의 경험과 합치될 때 공감이 크게 일어난다. 한두 편의 동시를 읽고 마는 것은 여러 학생들의 다양한 경험을 수용하지 못한다. 동시집에 수록된 여러 편의 동시 중에서 각자의 경험에 맞는 동시를 골라 경험과 생각을 나누고 공감하는 가운데 학생들의 마음의 힘이 커질 수 있다. 동시 작가들은 입을 모아 말한다. 동시가 아이들에게 줄 수 있는 가장 큰 힘은 공감의 힘이라고.

2장

동화책 깊이 읽기

『만복이네 떡집』
『하룻밤』
『진짜 도둑』
『나무를 심은 사람』

나를 변화시키는 나의 의지

『만복이네 떡집』 김리리 글 / 이승현 그림 / 비룡소

나쁜 말이 습관이 되어 친구 관계가 힘들어진 만복이가 '만복이네 떡집'
이라는 신비한 떡집에 들어서면서 흥미롭게 이야기가 전개된다.

상상력을 자극하는 떡의 효능과 가격이 매우 흥미롭다. 만복이는 떡을
먹기 위해 의도적으로 착한 일을 하면서 친구들을 도와주고 아이들은 그
런 행동에 웃음으로 답한다. 여러 가지 떡을 맛본 만복이는 나쁜 말하는

습관을 고치고 친구들을 이해하려는 태도를 보이면서 변하게 된다. 그리고 떡집은 다시 장군이네 떡집으로 바뀐다.

책 한 권이 가져올 변화

반 전체가 같은 책을 읽고 수업하는 것에 약간의 설렘이 있었다. 그리고 걱정도 되었다. 교사가 책을 읽어 주어야 하나? 학생들 스스로 자기만의 속도로 각자 읽도록 해야 하나? 책의 재미를 느끼고 있을 때 교사의 의도대로 중간 중간 끊어서 활동해야 하나?

본질적인 질문을 해보면 우리가 책을 읽는 이유는 뭘까? 깊이 읽기를 왜 하는 걸까? 책의 재미도 있지만 나를 잘 들여다볼 수 있는 기회를 수업을 통해서 주고 싶었다.

책 선정이 가장 큰 고민이었다. 재미있는 책 읽기를 통해 독서에 흥미를 갖길 바라는 기대와 의미있는 책 읽기를 통해 자신을 돌아보고 올바른 가치관을 형성했으면 하는 바람이 있었다. 여러 곳에서 접할 수 있는 권장 도서 목록은 아이들의 독서 수준과 실태를 잘 파악하여 한 번 걸러낼 필요가 있다. 권장 도서는 아동 문학 작품 읽기의 출발이 될 수 있지만 결국은 교사의 꾸준한 독서가 작품에 대한 안목을 키워 함께 읽기의 행복한 시간으로 안내할 것이다.

책이 재미있고 감동까지 준다면 금상첨화다. 『만복이네 떡집』은 한 번 잡으면 놓을 수 없을 만큼 재미있고 다른 책에도 흥미가 가도록 만드는 책이다. 상대에 대한 나의 마음은 말로 전달되고, 재미있는 이야기를 나눌 때 친구와 더욱 친해진다는 것을 아이들이 알았으면 한다. 자신의 말이 그 사람 됨됨이를 알려 준다는 것을 이야기를 통해 깨달았으면 하는 바람이 있다. 재미있는 책 읽기가 다른 책 읽기로 이어지는 경험을 했으면 한다.

수업의 흐름

『만복이네 떡집』과 관련된 학습 요소는 다음과 같다. 학습 요소는 성취 기준에서 학생들이 배워야 할 학습 내용을 핵심어로 제시한 것을 말한다. 3~4학년 국어과 성취 기준을 바탕으로 한 학습 요소가 한 학기 한 권 읽기를 통해 어떻게 반영되는지 아는 데 도움이 될 듯하다. 선정한 책의 내용과 교사의 수업 방법 및 철학에 따라 중점적으로 다뤄지는 학습 요소는 다를 수 있다.

독서단계	학습요소	수업내용
책과 친해지기	• 대화하기 • 짐작하기 • 효과적으로 표현하기	• 제목보고 이야기하기 • 책 정보 찾기 • 작가 소개하기 • 대강의 내용 짐작하기
책과 놀기	• 대강의 내용 간추리기 • 인물, 사건, 배경 이해하기 • 이야기 흐름 파악하기 • 낱말 분류하기 • 사실과 의견 구별하기	• 내용 정리하기 • 〈나의 떡집〉 차리기 • 낱말 익히기 • 〈떡 연구소〉 차리기 • 질문 놀이하기

나와 연결하기	• 작품에 대한 생각과 느낌 표현하기 • 작품을 즐겨 읽기	• 작가와의 만남 • 작가에게 질문하기 • 관련 책 찾아 읽기

책 읽기 전 이런저런 이야기

우선『만복이네 떡집』이라는 제목만 보고 드는 생각은 어떤 것인지 발표해 보기로 하였다.

먼저 겉표지와 제목만 보고 어떤 내용일지 서로 짝과 이야기를 나누도록 하였다. 서로 이야기를 한참 주고받는다. 중간 중간 웃기도 하고 이야기가 끊이지 않고 계속되었다. 어떤 내용이 오고 갔는지 너무 궁금하여 물어보았다.

"만복이네 떡집 앞에서 아이가 떡을 훔쳐 먹으려고 애쓰는 것 같아요."

"만복이가 장난이 많아서 하나씩 하나씩 훔쳐 먹다가 배가 아프게 될 것 같아요."

"떡을 먹으니 기분이 좋아서 착해지는 것 같아요."

"용돈으로 떡을 싹 다 사서 먹을 것 같아요."

"그래서 어떻게 됐어? 선생님이 궁금해서 자꾸자꾸 묻게 되는 걸 보니 정말 재미난 이야기가 나올 것 같은데."

책을 읽기 전 공책에 책의 제목을 적고 작가와 그린 이를 찾아서 적어보도록 하였다. 일러스트레이션 학교에서 그림을 배운 사람들이 책의 내용에 맞는 그림을 그린다는 이야기도 해주었다. 그리고 이 책은 몇 년도에 출판

되었는지 책 정보를 앞뒤로 찾아보도록 하였다. 2010년 출판 연도를 확인하고는 "우리보다 더 어려요."라고 말한다. 비룡소 출판사를 말하자 "날아다니는 용이네요."라고 슬쩍 말하는 아이가 있다. 곳곳에 선생님이 많다.

그리고 김리리 작가에 대한 정보를 확인한 후 작가가 지은 11권의 책의 제목을 함께 읽어 보았다. 읽는 도중 "어! 이 책은 우리 반 학급문고에 있는데."라고 반응한다.

"이렇게 많은 책을 쓰신 김리리 작가님이 5월에 실제로 우리 학교에 오시기로 하였어요."

"정말요?"

"작가와의 만남 행사에 초대한 작가야. 그럼! 우리 이번 달은 '김리리 작가 탐구의 달'로 정하여 도서관에서, 서점에서, 동네 도서관에서 책을 찾아서 읽도록 하는 것은 어떨까요?"

"동네에 도서관이 있어?"

"응. 동네 도서관은 우리 집 근처에도 있고 주민센터 위층에도 있어. 많아."

"난 시간이 없어. 학원가야 되어서."

"야. 진짜 공부는 도서관에서 하는 거야."라고 아이들이 말을 주고받는다."

'작가와의 만남'을 연중행사로 진행하고 있는 학교가 많다. 작가와 직접 얼굴을 보고 이야기를 나눈다는 것만으로도 책을 읽고 싶은 마음이 가득해진 듯하였다.

먼저 『만복이네 떡집』 책 전체의 그림만 훑어보고 내용을 예상해 보도록 하였다. 책장을 넘기면서 그림을 살펴보는 아이들이 주고받은 말이다.

"와. 완전 재미있을 것 같은데요."

"신기한 일이 일어날 것 같아요."

"만복이네 떡집이 장군이네 떡집으로 바뀌네요."

"떡 종류가 많이 나와요."

"놀림 받았는데 놀림을 안 받게 될 것 같아요."

"떡을 주었더니 친구들과 사이가 좋아진 것 같아요."

"아! 나 무슨 내용인지 알겠다."

읽기 전에 낱말 빙고판(5×5)을 공책에 먼저 그리도록 하고 책을 읽는 중에 어려운 낱말을 그때그때 적도록 하였다. 3학년이라 공책에 그리라고 하니 시간이 오래 걸리고 너무 작게 그려 낱말을 적을 수가 없었다. 처음엔 낱말 빙고 학습지를 나누어 주는 것도 좋을 듯하다. 그리고 읽다가 기억하고 싶은 문장이나 아름다운 문장들은 공책에 쓰기로 약속하고 책을 읽어 주었다.

'욕쟁이 만복이, 깡패 만복이, 심술쟁이 만복이는 자기의 생각과는 다르게 친구를 놀리는 말이 먼저 나와 버려 친구가 없다. 만 가지 복을 갖고 태어나 부러울 것이 없는 만복이의 고민은 나쁜 말버릇이다. 그로 인해 친구도 없고 늘 혼자인 것이 만복이 뿐만 아니라 부모님의 걱정거리였다.'

여기까지 읽고 질문 만들기를 하였다. 그리고 다음 주에 주간 드라마처럼 다음 내용을 생각하며 기다리기로 하였다.

 ## 본격적인 『만복이네 떡집』 이야기

지난 시간 아이들이 만든 질문을 서로 나누며 수업을 시작하였다.

- 왜 만복이는 틈만 나면 욕이 튀어나올까요?
- 만복이가 이렇게 욕을 습관적으로 하게 된 이유는 무엇인가요?
- '의미'란 무슨 뜻인가요?
- 만복이는 왜 자꾸 장군이와 싸울까요?
- 만복이는 어떤 성격의 아이인가요?
- 만복이의 부모님은 왜 걱정하였을까요?
- 은지는 만복이가 왜 싫어졌나요?
- 아이들은 만복이를 왜 욕쟁이 만복이, 심술쟁이 만복이, 깡패 만복이라고 불렀나요?
- 부모님은 만복이의 말버릇을 왜 못 고쳤을까요?

자신이 만든 질문을 모둠 4명의 아이들에게 돌아가며 묻고 답하기를 하였다. 정답이 있는 질문이면 책에서 확인하였고, 정답이 없는 질문은 자신의 생각을 말하도록 하였다. 4명이 돌아가면서 질문하고 답하는 가운데 앞의 내용은 저절로 파악하게 된다. 지난 시간에 이어서 책을 읽었다. 읽는 중간 중간 아이들과 질문을 나눈다.

"만복이가 바람떡을 먹으려면 착한 일을 두 개 해야 하는데 어떤 일을 하면 좋을까요? 무엇을 해야 할지 모르는 만복이에게 이야기해 줄까요?"
"친구들이 무거운 거 들고 있을 때 같이 들어요."
"부모님께 존댓말 써요."
"나무나 꽃에 물 줘요."
"남아서 바닥 쓸어줘요."
"엄마 음식할 때 도와드려요. 안마해줘요."

책을 읽어 주다 보니 아이들이 한 문장씩 번갈아가며 읽자고 한다. 그 이유를 물으니 그래야 집중이 더 잘 된다고 한다. 아이들이 책을 읽는데 한 글자 한 글자씩 읽었다. 그래서 낱말을 묶어서 한꺼번에 눈으로 보고 낱말을 읽어 보자고 하자 훨씬 더 자연스럽게 책을 읽게 되었다.

읽는 도중 감정이 몰입되면 아이들은 소리도 치고 속삭이기도 한다. 실감나게 읽기를 따로 연습하지 않아도 등장인물의 성격에 따라, 상황에 따라 목소리의 높낮이를 달리하면서 글을 읽는다.

찹쌀떡의 효과를 발휘하는 장면에서 아이들은 '찹쌀떡'을 주고 싶은 사람을 이야기했다.

"이 찹쌀떡은 욕하는 ○○○에게 던지고 싶어요."

"찹쌀떡을 잔소리하는 엄마 아빠에게 주고 싶어요."

"내가 나쁜말 할 때, 엄마가 화낼 때, 동생이 귀찮게 할 때 주고 싶어요."

"나는 이 찹쌀떡을 ○○○한테 주고 싶어요. 왜냐하면 나를 놀리는 말을 듣기 싫어요."

"언니가 아무한테나 막말할 때 입을 척 달라붙게 하고 싶어요."

"게임을 하다 질 때 짜증이 나서 욕하는 나한테 찹쌀떡을 먹이고 싶어요."라고 말한다.

바람떡을 맛보는 장면에서는 입맛을 다시고, 만복이를 놀릴 때는 얄밉다고 외치고, 아이들 웃음을 모을 때는 덩달아 좋아서 만복이를 응원하고 있었다. 만복이가 떡을 먹을 때마다 아이들은 자신이 먹은 것처럼 너무나도 신이 나서 책을 읽었다. 재미있는 이야기로 우리는 하나가 된 듯했다. 그러다 쑥떡을 먹고 초연이에게 "나도 네가 좋아."라고 만복이가 말할 때 한 남자아이가 짝짝짝 박수를 치며 정말 좋아하였다. 그 모습에 아이들도 모두 웃었다.

다음은 아이들이 책을 읽고 난 후 정리한 내용이다.

종류	효과	가격	만복이가 한 일	떡을 먹은 후의 마법 같은 힘
찹쌀떡	말을 못하게 됨	착한 일 한 개	찰흙 반을 친구에게 줌	욕이 튀어나오지 않음
바람떡	비실비실 웃게 됨	착한 일 두 개	악기 빌려줌 밴드를 줌	웃고 다니니까 주변 사람들도 웃게 됨
꿀떡	달콤한 말을 함	아이들 웃음 아홉 개	친구, 선생님, 강아지를 보고 웃음	고맙다는 말을 하고 친구들을 칭찬함
무지개떡	재미있는 이야기가 몽글몽글	아이들 웃음 스무 개	만복이가 먼저 웃자 아이들이 웃어줌	만복이 주변에 친구들이 많이 모임
쑥떡	다른 사람의 생각이 들림	아이들 웃음 마흔두 개	아이들에게 재미있는 이야기를 들려줌	다른 사람의 마음을 읽게 되어 도와줌
백설기	마음이 하얘짐	아이들 웃음 오천구백구십구 개		
가래떡	오래오래 살게 됨	아이들 웃음 만 개		

내용을 살펴본 후 내가 먹어 보고 싶은 떡과 그 이유를 공책에 정리하고 친구들을 만나 이야기해 보기로 하였다. 3명 정도 만난 후 들은 이야기를 공책에 정리하고, 다시 2~3명을 만나 이야기를 나누었다. 공책에 뭔가를 적으려면 상대방의 이야기를 잘 들어야 하기에 '잘 들어라'라는 말보다 훨씬 경청의 효과가 있었다. 꿀떡을 고른 아이들은 친구를 많이 사귀고 싶어서, 욕을 하지 않기 위해, 달콤한 말을 하고 싶어서라는 이유를 말하였다.

그럼 꿀떡을 먹지 않고도 내가 할 수 있는 달콤한 말을 발표하기로 하였다.

"너 참 그림 잘 그린다." "학교 다녀왔습니다." "안녕하세요." "고맙습니다."

"너 똑똑하네." "책을 잘 읽는구나." 등 직접 말로 표현해보고 배시시 웃는다. 달콤한 말이 아이들의 웃음을 부른다. 아이들 웃음 스무 개가 금방 넘을 듯하다.

그리고 다른 사람의 생각을 들을 수 있는 쑥떡을 선택한 아이들은 싸움을 거는 형의 마음을 알고 싶어서, 친구의 고민을 들어주고 싶어서, 나를 혼내는 엄마의 마음이 궁금해서, 나쁜 일을 한 사람들의 진실을 밝히고 싶어서, 도와주고 싶어서라는 이유를 들었다. 별로 잘 웃지 않는 아이는 자주자주 웃고 싶어서 바람떡을 선택하였다. 이렇게 자기 이야기를 하면서 '나'를 돌아보는 시간을 가졌다.

"백설기와 가래떡을 못 먹어 보았는데도 만복이가 떡집을 찾아가지 않은 이유는 무엇일까요?"라는 질문에 아이들은 "떡을 안 먹어도 마음이 하얘지고 오래 사는 방법을 알았기 때문에 굳이 안 먹어도 돼요." "다른 사람에게 양보하려고요."라고 말한다.

그림으로 진열되어있는 떡을 보고 아이들은 자기가 먹고 싶은 떡과 그 이유를 들면서 주변의 인물과 자신을 떠올렸다. 그리고 그 떡을 먹기 위해 자신이 지불해야 하는 가격에 대해 골똘히 생각해 보는 모습이 너무 예뻤다.

기분 좋은 『나의 떡집』 이야기

이 책을 읽고 아이들은 이런 떡도 있었으면 좋겠다는 다양한 생각을 내놓으며 〈나의 떡집〉을 차렸다. 작가처럼 상상의 떡을 만들어 보았다. 서로서로 상상한 떡을 보며 웃음 짓는 모습이 이미 백설기와 가래떡을 먹은 것 같았다.

종류	효과	가격	내가 할 일	기대하는 떡의 효과
술떡	술을 끊게 함	봉사 20개	친구 도와주기	아빠의 건강과 가족의 행복
조랭이떡	살 빠짐	웃음 15개	고운 말 쓰기, 재미있는 이야기해 주기	뚱뚱한 사람이 건강해지고 멋져 보임
절편	인사를 하게 됨	인사 20번	인사하기	친구들과 사이가 좋아짐. 어른들이 좋아함
송편	정답이 송송 나옴	100점 3번	공부 열심히 하기	더 많이 공부하게 됨
	생각이 자람	웃음 5개	친구를 도와주기	생각이 쑥쑥 자람
인절미	주름살이 펴짐	할머니 웃음 20개	안마해주기	할머니가 젊어짐
개떡	강아지 말을 알아들음	착한 일 40개	강아지 놀아 주기	강아지와 말을 하고 생각도 알 수 있어 심심하지 않음
	강아지에 대해 알게 됨	아이들 웃음 2개	돼지 소리를 내어 웃기기	강아지 덕후가 됨
감자떡	얼굴이 감자모양이 되어 누구도 못 알아봄	착한 일 20개	사람들 도와주기	엄마가 내가 누군지 못 알아보게 됨
감자떡	엄청난 힘이 생김	착한 일 100개	도와주기, 효도하기	위기에 빠졌을 때 이겨낼 수 있음
구름떡	하늘을 날게 됨	아이들 웃음 50개	재미있는 이야기로 웃기기	하늘을 슝슝 여행할 수 있음

예쁜떡	얼굴이 예뻐짐	책 10권 읽기	도서관 자주 가기	얼굴이 점점 예뻐짐
양떡	순해짐	울음 참기 100번	거짓 울음이나 떼 부리지 않기	떡의 크기만큼 효과가 큼. 많이 먹으면 더 순해짐

 낱말 익히기

아이들과 책을 함께 읽으며 알쏭달쏭한 낱말, 알고 싶은 낱말을 공책에 정리하였다. 약간의 개인차는 있으나 아이들이 어려워하는 낱말은 비슷하였다.

말버릇	용하다	외동아들	깡패	호기심
방방곡곡	눈요기	진열대	커녕	눈속임
비교	냉큼	걸핏	군침	새치기
도통	심술쟁이	공주병	퍼뜩	고민
닭똥	헤벌쭉	휘파람	구수하다	독특한

이제 이 낱말로 놀이를 하였다. 낱말을 이용한 짧은 문장 만들기다.

"수학 문제를 <u>도통</u> 모르겠어."

"된장국이 <u>구수하네</u>."

"저 친구 옷이 좀 <u>독특하지</u> 않니? 저렇게 입은 아이를 본 적이 없었는데."

이제 두 낱말이나 세 낱말을 이어서 말해보도록 하였다.

"<u>퍼뜩</u> 생각났는데, 나 예쁘지 않니? 나 공주병인가 봐."
"급식시간에 ○○가 살짝 <u>새치기</u>하고 <u>헤벌쭉</u> 웃는데 너무 얄미워."

아이들은 짧은 글짓기를 할 때 그 낱말이 사용될 상황을 정하고 맥락을 이해하면서 문장 만들기를 한다. 어렴풋이 아는 낱말은 문장 만들기를 통해 뜻을 명확히 하고, 전혀 모르는 낱말은 국어사전 찾기를 통해 정확하게 배우고 익히는 시간이 필요하다.

우리가 만드는 <떡 연구소>

책을 읽고 난 후 한바탕 재미있게 웃고 즐거웠다. 그러나 아이들은 "이런 떡은 세상에는 없잖아요!" 하며 아쉬워한다. 그럼 이런 떡을 먹지 않고도 효과를 보는 방법을 찾아보자는 이야기가 나왔다. 그래서 <떡 연구소>를 차리기로 하였다.

<찹쌀떡 연구소>를 맡은 모둠은 떡을 먹지 않고도 욕하지 않는 방법을 의논하였다. 예쁜 말 많이 하기, 나쁜 말은 하지 않기, 친구가 욕할 때 따라하지 않기, 친구를 괴롭히거나 때리지 않기, 하면 안 될 말은 하지 않기, 친구와 사이좋게 지내려고 노력하기 등의 의견을 내놓았다.

비실비실 자주 웃기 위해 <바람떡 연구소>에서 내놓은 의견은 효도 많이 하기, 시험 잘 보기, 학교 봉사 많이 하기, 친구들과 같이 놀기, 학교 봉

사 많이 하기 등이다. 제일 재미있는 것은 여자 친구를 사귀면 자주 웃게 된다고 한다. 기발한 방법이다.

달콤한 말을 술술 나오게 하는 〈꿀떡 연구소〉에서는 생각하고 말하기, 행복해지기, 친구들에게 먼저 친하게 지내자고 말하기, 싸우지 않기, 고운 말로 칭찬하기 등의 의견을 제시하였다.

〈무지개떡 연구소〉는 재미있는 생각 많이 하기, 재미있는 이야기 지어서 말해주기, 웃으면서 친구를 보기, 무서운 이야기책을 모아 두기, 독서 많이 하기 등을 하면 재미있는 이야기가 몽글몽글 생길 거라고 하였다.

아이들이 가장 먹고 싶어 하는 쑥떡을 연구하는 〈쑥떡 연구소〉. 다른 사람의 생각을 듣고 싶다면 그 사람의 생각을 자꾸 물어보고, 행동을 잘 관찰하고, 눈치를 키우라고 하였다. 어떻게 눈치를 키우냐고 물으니 그 사람을 잘 관찰하면 된다고 한다. 웃음이 나왔다. 틀린 말은 아니기에.

마음을 하얘지게 하기 위한 방법은 〈백설기 연구소〉에서 하였다. 착한 일을 많이 하고, 아이들에게 웃음을 주고, 좋은 말을 많이 하고, 친구들을 웃게 해주고, 남을 도와주면 가능하다고 한다.

모둠별로 발표하고 칠판에 게시한 후 또 다른 의견이 있는 아이들은 자유롭게 나와서 보충하여 적어보도록 하였다. 기발한 방법들이 더해지자 수업이 활기를 더해갔다. 아이들 스스로 남에게 피해를 주지 않고 나눌 줄 아는 사람이 되기 위해 무엇을 해야 할지를 체감하는 시간이었다고 생각한다.

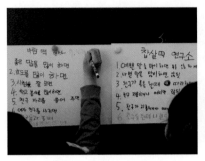

바람떡, 찹쌀떡 연구소 　　　　　　　　저도 의견 있어요

아이들과 『만복이네 떡집』을 재미있게 읽고 난 후, '김리리' 작가의 『놀고 먹는 군과 공부 도깨비』 책을 빌려 갈 사람은 가져가도록 하였다. 반 이상의 아이들이 몰려나와 기대감을 갖고 가져갔다. 책이 책을 부른다. 아이들은 교실 문을 나가면서도 계속 책에 대한 이야기를 나눈다. 아이들의 대화가 책에 관한 것이라니 정말 뿌듯하였다.

 질문 놀이하기

가장 기억에 남는 장면을 책에서 찾아 손가락을 끼워 표시하도록 하였다. 그리고 친구들 앞에서 장면을 설명해 보도록 하였다. 아이들은 친구의 이야기를 듣고 그 장면을 책에서 찾았다. 모두 책을 갖고 있으니 가능한 활동이다. 이렇게 하면서 글의 내용도 한 번 더 살피고 자신의 느낌도 이야기하는 시간을 가졌다.

"만복이가 이상한 떡집을 발견한 후 먹고 싶어서 손을 대었는데 연기처럼 사라지는 장면이 재미있었어요. 그림도 실감나고 나도 아마 이럴 거란 마음이 들었기 때문이에요. 몇 쪽일까요?"

"25쪽입니다. 저는 너무 황당해하는 만복이의 마음이 느껴져서 기억에 남아요."

아이들이 재미있고 기억에 남는 장면으로는 장군이네 떡집으로 바뀐 마지막 장면으로 뭔가 새로운 이야기가 펼쳐질 것 같은 기대감 때문이라고 했다. 그리고 초연이의 마음을 알게 된 장면이 가장 재미있다고 수줍게 말하는 남자아이도 있고, 처음 떡을 먹었을 때 '어떻게 이런 일이 생길 수 있지?'라는 놀라움으로 그 장면이 기억에 남는다는 아이들도 많았다.

이렇게 이야기를 후루룩 훑어보는 시간을 가진 후 본격적으로 질문 만들기를 하였다. 먼저 책에 질문하기다. 책 내용과 관련된 질문을 만들도록 하였다.

"만복이가 처음 먹은 떡은 무엇인가요?"처럼 답이 정해져 있는 질문이 아니라 "나쁜 말을 자주하는 만복이에게 어떤 충고를 해주고 싶나요?"처럼 답이 여러 개가 나올 수 있는 질문을 생각해 보도록 하였다. 질문을 생각한 아이들에게 조그마한 개인 보드판을 하나씩 나눠 주고 적도록 하였다. 질문은 다음과 같다.

- 만복이네 떡집이 장군이네 떡집으로 바뀐 이유는 무엇인가?
- 친구들은 만복이의 어떤 행동들을 싫어하나?
- 장군이와 만복이는 왜 아이들을 때릴까?
- 떡집의 주인은 누구이고 누가 만들었을까?
- 착한 말이나 고운 말을 할 수 있는 방법은 무엇인가?
- 제일 먹고 싶은 떡과 그 이유는 무엇인가?

- 갑자기 신기하고 이상한 떡집이 생긴 이유는 무엇일까?
- 엄마는 나쁜 말을 하는 만복이를 왜 혼내지 않았을까?
- 떡을 먹지 않고도 나쁜 말을 하지 않는 방법은 무엇인가?
- 나쁜 말을 하는 버릇을 고치려면 어떤 노력을 해야 할까?

각자 개인 질문을 적은 보드판을 들고 돌아다니며 친구들과 질문 나누기를 하였다. 친구의 질문에 자신의 생각을 성심성의껏 대답해 주기로 하고 3명 이상의 친구들을 만나 이야기를 주고받도록 하였다. 모둠원끼리 하는 방법도 있으나 일어서서 활동적으로 이야기 나눌 때 더 활기차게 참여하는 것 같다.

다음으로는 등장인물에게 질문하기다. 아이들이 질문하고 싶은 책 속의 인물은 만복이와 만복이 엄마, 그리고 장군이었다. 인터뷰에 응할 아이들은 칠판 앞의 의자에 앉아 친구들의 질문에 답하였다.

- 만복이는 왜 욕을 하고 때리는 건가요?
- 애들이 얄미워서요.
- 왜 아이들이 얄미운가요?
- 나랑 놀아 주지도 않고 내가 무슨 말만 하면 화만 내기 때문이에요.

만복이 역할을 한 친구는 자기가 만복이인 양 자신의 이야기를 주절주절 털어놓았다.

- 왜 만복이 엄마는 아들의 버릇을 처음에 고치지 못했나요?
- 아이를 사랑하는 마음에 혼내지 못했고 시간이 지나면 저절로 고쳐질 줄 알

았는데 더 심해지니 저도 많이 후회하고 있어요.

- 장군이는 만복이가 도와주겠다고 했을 때 왜 주먹을 휘둘렀나요?

- 나도 모르게 그만 그렇게 되어버렸어요. 안 그러려고 했는데 마음대로 안 돼요.

그리고 다음은 작가에게 질문하기. 작가의 다른 작품까지 읽은 아이들은 질문이 많았다. 작품에 대한 것, 직업에 대한 것, 성장 과정 등. 아이들의 질문은 '작가와의 만남' 시간에 활용하고자 한다.

인물에게 질문하기

작가에게 질문하기

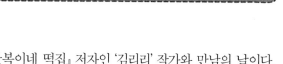
작가와 만남의 날

수업시간에 읽은 『만복이네 떡집』 저자인 '김리리' 작가와 만남의 날이다. 아이들은 아침부터 흥분하였고 시작보다 일찍 작가의 책을 가지고 도서관으로 몰려들었다. 어떤 아이는 작가의 책 10권 정도를 가지고 왔다. 엄마와 함께 서점에도 가고 인터넷으로 주문도 하여 오늘을 손꼽아 기다렸다고 한다. 이 만남을 계기로 아이는 작가 탐구를 하게 된 것이다.

작가가 들어오자 아이들의 "와~" 하는 탄성이 들렸다. 글도 재미있게 쓰시는 분이 젊고 예쁘시기까지 하니 아이들의 관심은 자연히 작가에게 쏠렸다.

간단한 소개가 끝나자 작가님은 자신이 동화작가의 꿈을 갖게 된 계기에 대한 이야기를 들려주셨다. 작가라서 그런지 이야기를 맛깔나게 하셨다.

한글을 늦게 깨친 작가는 친구들의 따돌림으로 마음의 상처를 많이 받았지만, 어릴 적 많이 뛰어놀았던 경험이 글의 훌륭한 소재가 되었다고 하셨다. 책을 읽다가 너무 졸려서 책을 이불 삼아 덮어 보고, 세워서 집도 만들어 보고, 베개처럼 베고 잠도 자면서 책을 가까이하다 보니 책 속의 이야기가 궁금해져 책을 읽게 되었다는 이야기는 아이들에게 '나도 한 번 해볼까?'라는 생각이 들게 하였다. 그리고 본격적으로 글을 쓸 수 있었던 밑바탕이 된 것은 일기 쓰기라고 하셨다. 직접 자신의 일기장을 보여 주었는데 6학년 때 어느 날의 일기는 무려 7쪽이나 되었다. 일기 쓰기가 싫을 때는 오늘은 어제보다 한 줄만 더 쓰자는 생각으로 썼다고 한다. 그래서 6학년 때만 쓴 일기장이 15권이라고 하셨을 때 아이들은 입을 쩍 벌리며 놀라워하였다. '그렇지! 참고 견디는 시간이 있어야 열매를 맺을 수 있는 것이구나!'라고 생각하는 듯하였다.

초청받아 방문한 스위스 초등학교 이야기를 들려줄 땐 부러워하기도 했지만, 작가의 책을 세계의 어린이들이 본다는 것에 아이들은 놀라워했다. 작가를 꿈꾸던 아이들은 이 이야기가 매우 매력적으로 들렸던 것 같다. 두고두고 이야기한다.

작가는 『만복이네 떡집』도 직접 읽어 주었다. 만복이가 진열되어있는 떡을 보고 놀라는 장면과 떡을 먹기 위해 착한 일을 한 장면을 읽어 주었다. 작가가 직접 읽어 주니 더 실감났고 그 장면이 생생하게 기억되었다. 그리고 작가가 "꿀떡을 먹었다면 누구에게 어떤 말을 해주고 싶은가요?"라고 즉석 질문을 하였다. 수업시간 열심히 읽은 많은 아이들은 자신감있게 대답하였다. 작가가 자신의 책을 선물로 주자 아이들은 적극 참여했고 책을 선물로 받은 친구를 무척이나 부러워하였다.

그리고 수업시간 준비했던 작가님께 묻고 싶은 질문 쪽지를 보고 이야기하는 시간이었다. 아이들이 궁금해하는 질문은 다음과 같다.

- 작가님, 어떻게 그렇게 재미있는 책을 쓸 수 있나요?
- 이 책을 쓰는 데 시간은 얼마나 걸렸나요?
- 『만복이네 떡집 2』가 있나요?
- 작가님이 쓰신 책은 몇 권 정도 되나요?
- 작가님 이름은 왜 '김리리'인가요?
- 작가님의 초등학생 때 꿈은 무엇이었나요?
- 작가님이 쓴 중에 가장 좋아하는 책은 무엇인가요?
- 이런 아이디어는 어떻게 얻나요?
- 저도 컴퓨터로 글을 쓰고 있는데 어떻게 하면 이렇게 상상력이 풍부한 책을 쓸 수 있나요?

작가님은 주로 자신의 어릴 적 경험을 쓰기도 하고, 초등학생인 조카에게 물어보고 글을 쓴다고 하셨다. 그리고 한 작품 당 1년 내지 2년 정도 시간이 걸린다고 하셨는데 『만복이네 떡집』은 2시간 만에 완성한 글이고, 가장 많은 애착이 가는 책은 10년 만에 쓰셨다고 하셨다. 2시간 만에 완성한 책이 이리도 재미있다니! 아이들은 "와아!" 소리를 치며 환호했다. 작가의 작품에 대해 자세히 알게 되니 작가가 무척 가깝게 느껴지고 사연이 담긴 다른 책들을 읽어 보고 싶었다.

아이들과 함께 단체 사진도 찍고 작가의 사인도 받고 사진도 찍으며 소중한 추억을 만들었다. 작가와의 만남이 끝난 후 '김리리' 작가의 책은 아이들이 모두 대출하였고 서로서로 책에 대해 이야기하고 책을 빌리는 모습도 보기 좋았다.

작가와의 만남 프로그램에 참석한 한 아이는 작가의 꿈을 꾸게 되었고, 병을 앓고 공부를 잘하지 못했던 작가와 비슷한 경험을 한 아이는 자신감을 갖게 되었다고 하였다. 아이들은 작가의 이야기를 통해 책 한 권을 읽은 느낌이라고 했다. 정말 뿌듯하였다.

수업시간에 함께 읽고 다양한 활동을 통해 서로의 생각을 나누며 몰입하여 깊이 읽은 책의 작가를 직접 만나는 것은 여러모로 아이들에게 소중한 경험이 되었다. 작가의 이야기는 또 다른 책 한 권을 읽은 것 같은 경험이 되는 동시에 작가의 다른 책도 읽고 싶다는 생각이 들게 만들었다. 비록 책은 구입하지 못 했지만 작가의 사인을 간직하고 싶은 친구들은 오랜 시간 기다려 하얀 종이 위에 받았다. 그 사인을 보며 아이는 무슨 생각을 할까? 아이들은 이 순간을 책을 통한 아름다운 추억으로 평생 간직할 것이라고 생각한다.

작가와의 만남 시간

'질문 있어요. 작가님!'

2

소중한 추억이 바로 사랑

『하룻밤』 이금이 글 / 이고은 그림 / 사계절

용궁에 다녀왔다는 아빠의 이야기를 아이들은 믿지를 않는다. 하지만 아이들은 점점 아빠가 경험한 용궁 이야기에 빠져들고 아빠는 할아버지와의 추억을 떠올린다.

낚시를 좋아하는 할아버지는 손주들이 열 살이 되면 밤낚시를 데리고 가셨다. 여덟 살밖에 안 된 아빠는 밤낚시를 할아버지와 단둘이 가게 되고 그곳에서 정을 쌓아간다.

할아버지가 잡은 잉어를 밤에 몰래 놓아주게 된 아빠는 세 가지 소원을
안고 용왕님 앞에 가게 된다. 우여곡절 끝에 용궁의 증거품을 가지고 돌아
온 아빠. 하룻밤의 소중한 추억으로 할아버지는 아빠의 기억 속에 영원히
살게 된다.

나의 이야기가 책이 되는 경험

동화를 쓰는 사람은 특별난 사람들일까? 어떤 이야기들이 동화가 되는
걸까? 궁금했다. 누구에게나 있을 법한 이야기에 상상을 양념으로 재미있
고 의미있는 이야기를 엮어내는 사람들이 존경스럽기까지 하다.

『하룻밤』이란 책을 통해 아이들이 '나의 이야기도 다른 사람들이 좋아할
수 있는 책이 될 수도 있구나!'라는 경험을 했으면 한다. 함께 읽을 책을
아이들에게 나눠 주자 책을 달라고 한다.
"안 됩니다. 학교 책이에요."라고 말하자,
"돈 10만 원 내면 돼요?"
"딱지 10장 줄게요." 간절함이 묻어나는 듯하여 웃음이 나왔다.

"책을 갖는다는 건 뭘까요? 책장에 꽂히는 것이기도 하지만 그 책으로
인해 책을 읽기 전후의 변화가 있는 것이 정말 자신이 그 책을 갖는다는
것 아닐까요?"

아이들이 장난으로 한 말에 정색하며 되받아친 듯하여 멋쩍었다. 『하룻밤』 책을 통해 자신의 이야기를 쓰는 경험을 나누고 싶다. 우리네 삶은 '그들에게 일어난 일이 나에게도 일어날 것이다.'라는 말처럼 공유되는 패턴이 있다. 누군가의 삶의 기록과 정리로 우리네 삶이 예측 가능해진다. 우리는 글을 통해 과거는 어땠는지 현재는 어떻고 미래는 어떨 것인지를 말한다. 비슷하게 진행되는 일상의 기록들이 나의 삶을 풍성하게 해준다. '글을 쓴다는 것은' 세상에 발자국을 찍는 일이며 이는 나와 누군가의 삶을 안내해 주는 역할을 할 것이다. 그런 글쓰기가 지속될 때 나를 돌아보고 삶을 지그시 바라보는 힘이 생길 것이라 믿는다.

수업의 흐름

독서단계	학습요소	수업내용
책과 친해지기	• 짐작하기 • 읽기 경험을 나누는 태도 갖기	• 제목 알아맞히기 • 차례 보고 내용 추론하기 • 그림 보고 내용 예상하기 • 나의 '하룻밤' 이야기 들려주기
책과 놀기	• 요약하며 듣기 • 낱말의 의미관계 이해하기 • 이야기 흐름 파악하기 • 효과적으로 표현하기 • 대화 예절 지키기	• 관련 낱말군 알아보기 • 한 문장 깊이 읽기 • 아름다운 문장 쓰고 이야기 나누기 • 질문 릴레이하기 • '소원'을 주제로 이야기 나누기 • '용궁세상' 상상하기

나와 연결하기	• 문단 쓰기 • 이야기 이어서 구성하기 • 작품에 대한 생각과 느낌 표현하기	• 생각과 느낌 나누기 • 만약에 상상하기 • 나의 이야기 쓰기(글감, 주제, 상상보태기, 제목 붙이기) • 나의 이야기 미니북 만들기

 ## 나에게 특별한 '하룻밤' 이야기

처음 책을 보았을 때 책에 대한 정보를 공책에 정리해 보도록 하였다. 책 제목과 작가, 그린 사람, 출판 연도를 적기 위해 책을 앞뒤로 펼쳐본다. 날개를 쳐다보다 일러스트레이터가 책에 그림을 그리는 사람이라고 하자 아이들이 그림 잘 그리는 효림이를 쳐다보며 "화가 말고 일러스트레이터가 되어도 되겠네."라고 한다. 흐뭇해하는 효림이가 보기 좋다.

작가소개를 질문으로 하였다.

"이금이 작가가 어릴 때 가장 좋아하는 놀이는 무엇인가요?"

"이야기 만들기입니다."

"이 작가는 세상 여기저기 숨어 있는 이야깃거리를 찾아 어떻게 하셨나요?"

"동화책을 만드셨어요."

"작가가 쓴 책을 말해봅시다."

"『너도 하늘말나리야』, 『밤티마을 큰돌이네 집』, 『유진과 유진』 등 많아요."

"주로 5~6학년을 위한 동화를 많이 쓰셨는데 3~4학년을 위한 동화책이 바로 『하룻밤』입니다."

우선 책을 읽기 전 책표지를 보고 제목과 연관시켜 보기로 하였다.

"하룻밤에 일어난 이야기 같아요."

"아빠랑 낚시하러 간 날 밤에 있었던 이야기 같아요."

"심장을 꺼내서 아빠에게 주는 것 보니 뭔가 엄청난 일이 일어난 날에 대한 이야기일 것 같아요."

"하룻밤 동안 행운을 주는 잎을 찾아서 아빠에게 선물로 주는 것 같아요."

이어서 뒤표지를 펼쳐서 어떤 이야기일 것 같은지 이야기해 보도록 하였다.

"엄마가 만날 화만 내서 아빠랑 오토바이를 타고 집을 나갔는데 고장이 나서 아빠는 걸어가고 아이는 잉어를 타고 가는 것 같아요." 자신의 이야기를 투영해 보기도 한다.

"아빠랑 오토바이 타고 여행을 떠나는 것 같은데요."

하룻밤에 일어난 일을 이야기로 쓸 수 있다고 생각하면서 자신에게 선명하게 기억나는 '하루'에 대해 발표해 보기로 하였다.

민희가 앞에 나와 친구들에게 이야기한다.

"학교 끝나고 학원가고 또 학원가고 집으로 돌아온 날, 새벽까지 잠도 안 자고 엄마랑 편의점을 갔어요. 가다가 엄마가 지갑을 잃어버려서 오던 길을 되돌아갔는데 새벽이라서 다행히 지갑을 찾을 수 있었어요. 엄마랑 손을 꼭 잡고 다니니까 무섭지도 않고 기분이 좋아서 지금도 그날이 기억납니다."

어스름한 새벽 아무도 없는 길을 엄마랑 둘이 알콩달콩 이야기하면서 걸었던 일. 그리고 마주 잡은 손에서 느껴지는 따스함. 이 '하루'는 평생토록 민희를 행복하게 만들어 줄 것이다.

"할머니, 할아버지가 술을 먹고 싸웠는데 말릴 수도 없어서 결국엔 경찰서로 두 분이 가셨어요. 왜 갔느냐고 하니까 아무것도 아니라고 하시는데요. 저는 너무 무서워서 이불 속에 숨었는데 저에겐 큰일이어서 기억이 나요."

부들부들 떨었던 무섭고 힘든 하루를 기억하고 있었다. 이런 기억들은 앞으로 우리 아이들에게 어떤 영향을 줄지도 궁금했다.

"꿈속에서요. 햄버거 집을 갔는데 아저씨가 점점 뚱뚱해지고 햄버거도 막 뚱뚱해지다가 터지는 거예요. 저는 그게 풍선인 줄 알고 박수를 쳤던 것이 기억에 나요."

"꿈에서 바다가 있는 호텔에 묵었는데요. 바다에서 놀고 있는데 큰 파도가 몰려오는 거예요. 주차장으로 도망치는데 그림이 그려진 문이 있어 열어봤는데 통로가 있는 거예요. 엄마와 자동차를 타고 도망가는데 큰 파도가 막 쫓아오는데요. 너무너무 떨렸어요. 저에겐 기억하고 싶지 않은 꿈이에요."

실제가 아닌 상상의 이야기가 덧붙여지자 아이들은 재미있다고 열광한다. 상상은 아이들을 신나게 만들고 마법처럼 못할 게 없기에 이야기 만들기에 꼭 필요하다.

낱말군 알아보고 한 문장 깊이 읽기

이 책은 낚시터가 배경이다. 낚시와 관련된 낱말들을 익히기에 좋은 기회다. 책에 나와 있는 그림에 낚시와 관련된 낱말들을 적었다. 이미 알고 있는 낱말은 바로 적어보고 알지 못하는 낱말은 글을 읽어 가면서 맥락 속에서 파악해 보도록 하였다. 낚싯대, 낚싯바늘, 미끼, 램프, 미끼통은 어느 정도 알고는 있었지만, 찌, 어망이라는 단어는 잘 모르는 아이들이 많았다. "그러면 투망은 뭐예요?"와 같은 질문을 하고 답하면서 관련 낱말군이 확장되었다.

낚시 관련 낱말

낱말 학습은 아이들이 해당 낱말을 넣어서 짧은 글을 짓고 발표하면서 빙고 게임을 진행하였다. '그렇게 떠들던 승재는 선생님께 혼난 후 <u>잠잠해졌다</u>.' '심부름시킬 때 <u>걸핏하면</u> 엄마는 내 이름을 부른다.' 등. 배운 낱말을 자주 사용하도록 하고 나만의 어휘 사전을 만들어 보는 것도 좋을 것 같다.

강태공	취급	분꽃	배웅	월척
생생하다	잠잠하다	찌	외동아들	전통
채근하다	텃밭	걸핏	반딧불	황당하다
선선히	트램펄린	족속	정녕	법도
기특하다	증거품	야무지다	별주부	담담하다

'채근하다'라는 말이 다소 어려워 국어사전에서 그 뜻을 살펴본 후 뜻이 비슷해 보이는 말들을 모둠별로 찾아 적어보도록 하였다. '캐어 알아내다, 따지다, 독촉하다, 몰아붙이다, 짓누르다, 압박하다, 바싹 죄다, 다그치다, 몰아대다, 성가시게 하다, 괴롭히다, 끈덕지게 조르다' 등 한 낱말과 비슷하게 쓰이는 말들을 조사하고 생각해내면서 어휘가 확장된다. 이러한 말들을 많이 익힐 때 글쓰기가 쉽게 다가올 수 있다.

 아름다운 문장 쓰고 이야기 나누기

글을 읽다가 잠시 멈칫하게 만든 건 바로 '내 나이쯤 되면 죽음이 삶을 다한 뒤에 오는 선물 같단다.'라는 문장이었다.

"이 말이 무슨 뜻인지 선생님이 잘 모르겠네요? 3학년 친구들이 이야기

좀 해 줄래요?"라고 아이들에게 질문을 던졌다.

"자기 할 일을 다 했으니까 죽는 것이 선물일 수도 있다는 것 같아요."

"늙어서 이제 허리도 아프고 다리도 아프니까 그 몸으로 계속 사는 것보다 차라리 죽는 것이 선물일 수 있다는 것 같아요."

"손주들이 자라는 걸 보고 싶지만, 손주들에게 안 좋은 일이 일어나는 걸 다 지켜보는 것도 힘이 드니까 하늘에서 지켜보면서 도와주는 게 선물일 수 있어요."

그러자 갑자기 한 여자아이가 소리치듯 항변한다.

"아니, 우리 아빠는 눈도 좋고 허리도 안 아픈데 왜 먼저 돌아가셨을까요?"

그러면서 눈물을 흘렸다. 이 말에 나도 아이들도 잠시 숙연해졌다.

"그렇구나, 남아 있는 사람에게는 얼마나 큰 슬픔인데. 이 말이 잘못된 것 같기도 한데."

"이 세상에 죽지 않은 사람은 한 사람도 없지. 우리는 언제 죽을지 몰라. 그래서 지금 내 옆에 있는 사람이 더욱 소중한 것 아닐까?"

"천국이나 지옥이 실제로 있나요?"

"당연히 있지!"

"아니야, 없을지도 몰라."

"넌 천국이 있으면 좋겠어, 없었으면 좋겠어?"

"있었으면 좋겠어."

"그럼 있는 거지."

"지금 이 세상이 천국일 수 있어요."

"왜?"

"천국은 좋은 거잖아요. 친구도 있고 가족이랑 행복한 추억도 만들 수 있으니. 여기가 천국이죠."

"아이들이 어린 나이에 죽는 건 왜인가요?"

"다시 태어날 수 있는 희망이 있기에 나이가 많고 적고는 큰 문제가 아닌 것 같은데."

"어차피 죽는데 왜 태어난 거예요."

"그러네."

"우리는 왜 태어난 걸까?"

"태어나서 행복하게 살려고."

"세상을 구경하려고요."

"하늘에 있으면 따분하고 지루한데 세상에 태어나서 행복한 추억을 많이 만들면 좋잖아요."

"모두가 필요할 수 있으니까요. 엄마, 아빠, 친구, 선생님, 친척들이 나를 필요로 하니까요."

3학년인데도 죽음에 대해 많은 생각들이 스친 모양이다. 죽음에 대한 관심은 결국 삶에 대한 이야기인 걸 아이들도 알고 있는 듯했다. 할아버지와 나눈 대화를 보며 기억하고 싶은 문장, 아름다운 문장 베껴 쓰기를 하였다. 그리고 자신의 느낌도 적도록 하였다. 이런 활동이 바로 독후감 쓰기의 쉬운 접근이 되기 때문이다. 아이들이 적은 문장은 다음과 같다.

'내 나이쯤 되면 죽음이 선물 같단다.'

'죽으면 엄마 아빠도 못 보잖아요. 할아버지도요.'

'괜찮고 말고, 할아버지는 너하고 함께 있는 지금이 물고기보다 훨씬 소중하단다.'

'할아버지, 이 벌레들은 바본가 봐요. 다른 벌레들이 죽는 걸 보면서도 계속 날아와요.'

'물고기 생각은 덮어두고 귀를 기울여봐. 새로운 소리가 들릴 거야.'

이 문장을 고른 이유도 다양하다.

- 할아버지가 죽을 때까지 아들, 딸, 손자와 추억을 간직하고 싶어 하는 마음이 담겨 있어서요. 그리고 물고기보다 손자가 더 좋아서요.
- 나도 나중에 죽음이 선물 같다는 생각이 들지 궁금해서입니다.
- 이 말이 꼭 우리 할아버지가 하는 말 같아서입니다.
- 죽음이 오면 편안하고 아무 느낌이 없을 텐데 왜 선물 같은지 궁금하고 신기하기 때문입니다.
- 소중함을 다시 느끼고 기억하고 싶어서 적었습니다.
- 정말 신비한 소리가 들릴 것 같아서입니다.

👦 한 문장 하브루타하기

'또 온다고 해도 지금과 같을 수는 없지. 시간은 저 강물 같아서 한 번 흘러가면 되돌릴 수가 없어. 또 한순간도 멈추지 않지. 그러니 지금 이 순간이 더욱 소중한 거야.'라는 문장에 아이들은 질문을 하고 나름대로의 생각을 이야기해 보았다.

- 이 순간이 왜 소중한 거야?
- 만약 같은 순간이 또 온다면 다시 할 기회가 있으니까 그냥 대충해도 되지만, 안 오잖아. 그러니까 열심히 해야지.
- 그럼 열심히 한다는 게 뭔데?
- 후회하지 않는 게 열심히 하는 것 같은데. 너 지나간 시간에 대해 후회한 적은 없니?
- 있지. 엄마가 알레르기가 있다고 개를 만지지 말라고 했는데 내가 자꾸자꾸 만지니까 엄마가 시골로 보내 버렸어. 그래서 그 행동이 후회돼.
- 그래. 순간순간 무엇이 소중한지 잘 생각하면서 살아야 후회 없는 인생이 되지.
- 후회 없는 인생이라고?
- 그럼. 그게 행복한 거지.
- 음. 행복하려면 후회 없게 살아야 하고, 그러려면 순간순간을 소중히 하면서 사는 거구나.
- 그렇지. 그리고 죽음과 삶은 늘 함께 다니니까. 더 순간을 잘 살아내야지.
- 뭔가 어렵기도 하고 맞는 것 같기도 하고.
- 선생님! 책을 읽으면서 이야기하다 보니 생각을 하게 되고, 마음속에서 열이 나는 것 같은데요.

소원 빌기

할아버지가 잡은 잉어를 풀어준 대가로 소원 세 가지를 말하기 위해 용궁으로 간 아빠. 먼저 용궁 가는 길에 어떤 일이 있을지 상상해 보기로 하였다.

- 상어를 만났는데 상어가 순해서 당황했어요.
- 잉어를 타고 가는데 가재가 다가와서 제 볼을 살짝 꼬집고 가는 거예요. 그래서 가재를 잡으려고 더 빨리 헤엄쳐 갔어요.
- 물고기랑 말이 통해서 신기했고 비밀 통로에는 육지에 있는 것이 다 있어서 놀랐어요.
- 해저 동물 마을이 있는데 돼지, 소, 말 등 별별 동물이 헤엄치고 있어요.
- 물고기들이 환영하는 노래를 부르고 있어요.
- 고래가 있어 놀랐는데 그곳이 물고기들이 사는 집이에요. 고래등 같은 집이라는 말도 있잖아요.

맘껏 상상의 나래를 펼치며 함께 용궁 여행을 한 번 해본다. 바닷속에 펼쳐질 세상을 그려보니 신이 나고 재미있었다.

용궁에 도착한 주인공은 세 가지 소원을 무엇으로 빌까 고민하는 장면이 나온다. "부자 되는 거요. 게임 아이템 얻는 거요."라고 말하자 누군가가 그건 "욕심이지."라고 말했다. 그럼 "욕심과 소원의 차이점은 무엇일까?" 생각해 보기로 했다.

- 욕심은 자기 혼자만을 위한 것이고, 다른 사람을 생각한 것은 소원인 것 같아요.
- 욕심은 많이 원하는 거고 소원은 적당히 원하는 거요.
- 욕심은 자기 힘을 하나도 보태지 않는 것이고 소원은 조금은 자기 힘으로 노력해 보는 거요.
- 욕심은 끝이 없는데 소원은 끝이 있어요.
- 소원은 다른 사람을 배려한 거예요.

아이들의 생각에 놀랄 때가 있다.

"그럼 우린 욕심이 아닌 소원을 적어볼까?"

- 친구 ○○가 친구 많이 사귀게 해 주세요.
- 아빠가 갖고 싶은 오토바이 사는 것이 소원이에요.
- 우리 가족 건강하게 해 주세요.
- 공부 잘하는 약을 주세요.
- 계속 계속 소원을 들어주세요.
- 엄마, 아빠랑 하루 종일 놀았으면 해요.
- 엄마 하는 일 잘 되기를 바래요.
- 세상 모든 사람들이 행복하게 살 수 있게 해 주세요.
- 하루 용돈 500원씩 받는 게 소원이에요.
- 우리 반에 결석을 자주하는 ○○가 건강해지도록 해주세요.
- 내 동생 아토피 없게 해주세요.

때론 아이들은 어른의 스승이다. 욕심과 소원을 생각해 본 후 자기 주변을 돌아보고 가족을 살피고 세상을 위해 자기 소원을 썼다. 이루어지는지는 중요하지 않다. 그 마음이 정말 예쁘다. 이런 마음이 그대로 유지되도록 하는 것이 진정한 배움인 것 같다는 생각이 들었다.

용왕을 만나기 전 아빠의 소원은 절대 딱지, 백 점 맞는 연필, 태권도 검은 띠였다. 하지만 우리 인생이 계획대로 되지 않듯이 용왕을 만난 후 변하게 된다. "제발 살려주세요." "공주에게 벌주지 마세요." 그리고 마지막 소원 한 개를 빌 기회만 남았다. 아이들에게 마지막 소원으로 무엇을 빌어야 할지 책을 이어서 읽기 전에 생각해 보도록 하였다.

계획에도 없었던 소원 빌기를 2개나 써버린 것에 대해 아이들은 무척 아쉬워하였다. 아! 안 되는데. 마지막은 소원다운 소원을 빌어야 할 텐데. 그런 마음을 담아 각자 마지막 소원 빌기를 해보았다.

- 금을 갖게 해주세요.
- 우리 가족 영원히 살게 해주세요.
- 바다를 자유롭게 오고 갈 수 있게 해주세요.
- 공부 조금만 하도록 해주세요.
- 하트 보석 저한테 주세요.
- 백 점 연속으로 맞게 해 주세요.
- 문어 대신에게 벌을 주세요.
- 할아버지를 살려주세요.
- 딱지 100개 주세요.
- 소원 3개 해주세요.
- 밤낚시를 계속할 수 있게 해주세요.
- 시간을 멈추게 해주세요.
- 생일 매일매일 오게 해주세요.

맨 앞에 앉은 모범생 ○○은 '우리 가족 건강하게 해주세요.'라는 소원을 적었다. 우연히 퇴근길에 무거운 가방을 메고 횡단보도 앞에서 힘겹게 서 있는 ○○을 본 것이 생각나서 "○○야! 마지막 소원은 너를 위한 것으로 적어봐."라고 하자 "맞아. 넌 3학년인데 실력은 거의 6학년이잖아." 옆 친구가 슬쩍 말한다. 그러자 "학원이 너무 많아요. 하루하루가 힘들어요."라고 수줍게 이야기한 ○○가 적은 소원은 "자유롭게 해주세요."였다.

아이들은 욕심과 소원을 왔다 갔다 하면서 이야기한다. 이런 기회가 만약에 오게 되면 어떤 소원을 빌지 궁금하다.

용궁 세상 상상하기

용궁의 신하들은 고마움을 모르는 족속인 꼬맹이 아빠에게 용궁에서만 줄 수 있는 벌을 용왕님께 고하는 장면이 나온다. 성게 가시로 찌르는 벌, 전기뱀장어의 고문, 바닷가재 집게로 꼬집는 벌, 문어 다리로 꽁꽁 묶는 벌 등 기발한 장면에 아이들은 웃었다. 우리도 용궁의 또 다른 벌을 상상해 보기로 하였다. 바다 속 동물의 특징과 어울리는 벌을 생각해 보기로 하였다.

- 말미잘 촉수로 얼굴 때리기
- 귀신고래 입속으로 왔다갔다 10번 하는 공포 체험하기
- 고래 등에서 뿜어 나오는 분수 위에 올려서 물 폭탄 때리기
- 오징어 먹물 얼굴에 뿜기
- 바다 거북이를 사람 등 위에서 굴리기
- 무거운 바다거북이 들고 서 있기
- 해파리로 쏘기

자신이 알고 있는 바다 생물 지식을 바탕으로 상상력을 발휘하는 것이 놀랍기만 하였다. 그중 얌전한 ○○는 바다 생물 박사였다. "귀신고래는 잘 숨어 있고 동굴처럼 입을 만들면 물고기들이 깜깜해진 입속으로 들어가

는데 그때 입을 닫아 먹잇감을 얻어요." 아이들은 깜짝 놀란 얼굴이다. ○○가 인정받는 뿌듯한 순간이다. 자신이 알고 있거나 잘하는 것을 다른 사람들에게 나누어 줄 수 있는 기회들이 수업시간에 많이 만들어졌으면 좋겠다.

또한 아이들은 신하들이 용왕님께 꼬맹이 아빠를 벌해야 한다는 주장에 대해 나름대로 이유를 들었다.

꼬맹이 아빠를 인간 세상으로 되돌려 주어야 하는 이유는 '공주를 구해 주었으니까, 생명이니까, 은혜를 갚을 수도 있으니까, 인간 세상도 구경할 수 있으니까, 약속이니까' 등 다양하였다.

하지만 '용궁을 개방하면 바다 전체를 오염시켜 우리가 죽게 되니까, 소원을 받아주면 욕심 때문에 더 많은 소원을 말하니까, 잉어가 소원을 들어준다는 소문으로 물고기들을 다 잡을 테니까' 아빠를 벌주고 인간 세상으로 돌려보내서는 안 된다고 하였다.

다들 나름대로 이유가 있다. 각자 인생의 선택의 기로에서도 나름대로 이유를 갖고 당당하게 살아냈으면 좋겠다.

꼬맹이 아빠는 마지막 소원으로 초록색 하트 보석을 달라고 하였다. 만약 내가 용궁에 갔다면 가져오고 싶은 용궁 기념품은 무엇이고 그 이유는 무엇인지 생각해 보았다.

바다 속에는 돌멩이만큼 흔한 것이 보석이라는 말처럼 다이아몬드, 파랑색 진주, 물고기 모양 보석, 상어 보석 등이 많았다. 기념품을 자랑하고 싶어서, 부모님께 선물하기 위해 챙겨 오고 싶다고 한다. 기발한 기념품으로는 낚시꾼들이 빠뜨린 황금 낚싯대, 난파선이 빠뜨린 보물 상자, 육지에선 볼 수 없는 용왕님의 왕관, 여자 친구한테 선물할 물고기 모양의 옥비녀, 그리고 잉어 공주 사인이 있었다. 아이들의 상상이 정말 기발하다.

　더 많은 상상 놀이를 해 보았다. 주머니 안에서 낱말 카드를 하나씩 뽑았다. 그리고 "만약에 잉어 공주가 우리가 사는 세상에 와서 여러분이 임의로 뽑은 낱말의 그것을 가져갔어요. 왜 가져갔는지 이유를 상상하여 봅시다."라고 질문하였다.

　"잉어 공주는 물속이 어두워서 아침을 가져갔어요."
　"잉어 공주가 상어가 나타났다는 긴급 속보를 빨리 전하기 위해 뉴스를 배워갔어요."
　"잉어 공주는 바다에서 쇼핑하려고 가방을 가져갔어요. 에메랄드 보석, 왕관 등을 넣으려고요."
　"신기한 거품이 보글보글 나는 비누를 바다로 가져갔어요. 그래서 바다가 오염이 되었데요."
　"공주가 위험에 처했을 때 자신을 지키기 위해 고양이를 가져갔어요. 공격하는 물고기를 고양이가 잡아먹어요."
　"용궁에 나무가 없으니까 종이를 가져가요."
　바다라는 낱말을 든 친구가 만지작만지작 대답을 못 한다. 그래서 "바다는 왜 가져갔을까요?" 전체 질문으로 돌렸다. 아이들은 "바다가 지구 온난화로 점점 줄어드니까 채우려고요." "맑은 바다로 바꾸려고요." "아까 비누로 오염된 바다를 바꾸려고요." 아이들과 상상하며 웃었다. 무궁무진한 아이들의 상상력.

영원히 사는 방법

이 책의 마지막은 '영원히 사는 방법'이라는 부제목이 붙어있다. 책을 읽기 전 '영원히 사는 방법'에 대한 질문을 해보도록 하였다.

- 영원히 사는 것은 죽지 않는다는 것인가요?
- 계속 늙어가면서 영원히 사는 것인가요?
- 누가 영원히 살고 싶어 할까요?
- 영원히 사는 방법은 과연 있을까요?
- 왜 영원히 살고 싶어 하는 걸까요?
- 내가 영원히 산다면 누가 좋아할까요?
- 영원히 사는 방법이 있다면 그렇게 하고 싶은가요?
- 누구를 영원히 살게 하고 싶은가요?
- 각자 알고 있는 영원히 사는 방법을 이야기해 줄 수 있나요?
- '영원히'는 도대체 몇 년 정도의 시간을 말하는 건가요?
- 다른 것은 다 변하는데 나만 영원히 산다면 어떨까요?
- 영원히 살면 하고 싶은 일은 무엇인가요?

그리고 짝과 함께 하나의 질문을 정하여 질문 릴레이를 해 보았다.

짝: 영원히 살면 무엇을 하고 싶나요?

나: 여행을 하고 싶어요.

짝: 어디를 여행하고 싶나요?

나: 러시아를 여행하고 싶어요.

짝: 왜 러시아인가요?

나: 러시아가 넓고 좋을 것 같아요.

짝: 넓은 러시아에서 무엇을 하고 싶은가요?

나: 기차도 타고, 어마어마한 눈도 보고, 추운 데서 살아보고 싶어요.

그리고 할아버지의 영원히 사는 방법은 무엇인지 생각해 보며 책을 읽어 갔다.

'할아버지는 돌아가실 걸 알면서도 참 담담하셨어. 손주들 기억을 통해 영원히 사신다는 걸 아셨던 것 같아.'

마지막 장면을 읽을 때는 교사인 나도 목이 메긴 했지만, 아이들도 슬픈 표정이었다. 그리고 어렴풋이 함께한 아름다운 추억을 간직할 때 그 사람이 내 기억 속에서 영원히 산다는 것을 알게 된 듯하다. 아이들은 이 장면에서 할아버지, 엄마, 아빠를 떠올리고 가족에게 더 잘해야겠다는 다짐도 하고 어른이 되어 나의 자녀와 추억을 많이 만들고 싶다는 이야기도 하였다. 용궁이 배경이 될 때는 재미있고 신나했던 아이들이었는데, 할아버지의 사연을 듣고는 슬픈 감정을 느끼며 숙연해졌다.

 ## 작가의 글쓰기 따라 해보기

작가는 『하룻밤』을 쓸 때 어떻게 했을까? 따라가 보기로 하였다. 먼저 '이런 이야기를 쓰면 재미있겠다.'라는 것을 생각할 것이다. 그것이 글감이다. 그리고 '밤낚시'와 연관된 경험들을 낱말로 적어보았다. 작가의 경험을 내 경험처럼 생각하면서 정리하였다.

'이 이야기에서 하고 싶은 말은 무엇일까?'를 생각해 보는 것이 중요하다. 이런 주제가 글을 엉뚱한 곳으로 빠지지 않도록 해준다. 이 이야기를 통해 작가는 추억의 소중함과 삶과 죽음에 대해 생각해 보게 하려고 이 책을 쓴 것 같다고 하였다.

글을 더 재미있게 하기 위한 것이 바로 상상력이다. 그럴듯한 거짓말이 책 읽는 재미를 배가시킨다. 용궁과 잉어 공주 그리고 세 가지 소원이 책에 더 빠져들게 만들어 주었다. 그리고 작가는 왜 제목을 『하룻밤』으로 정했을지 생각해 보았다. "아! 맨 마지막 말이 '정말 멋진 하룻밤이었어!'라는 말이 나오잖아요. 거기서 제목을 가져온 것 같은데요." 제목이 작품에 호기심을 불러오고 내용을 예측할 수 있게 해주는 말일 때 읽는 사람에게 강하게 기억될 수 있을 것이다.

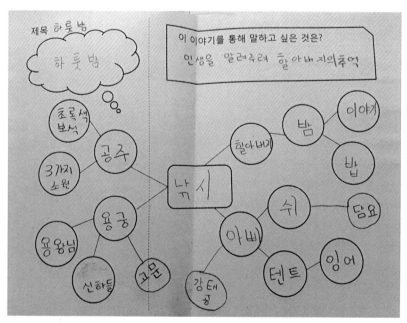

작가 따라 해보기

지난 시간에 『하룻밤』 작품 완성까지의 과정을 생각하며 작가의 경험과 상상력을 바탕으로 글이 어떻게 만들어지는지를 간접적으로 경험해 보았다.

그렇다면 이제는 나의 이야기를 쓸 차례다.

보자기 속 물건을 상상하는 것으로 수업을 시작하였다. 숨겨진 마법사의 모자를 보여 주며 그 모자를 쓰면 현실에서 상상의 세계로 갈 수 있는 마법이 일어난다고 하였다.

"미세 먼지가 너무 많네. (모자를 쓰면서) 와! 숲길이다. 새소리도 들리고 공기도 좋고 저절로 기분이 좋아지네."

"왜 이렇게 심심하지? (모자를 쓰면서) 아무도 나를 못 알아볼 거야. 나는 투명인간이니까."

"이런 상상과 현실을 넘나들 수 있는 사람이 또 누가 있을까요?"라고 질문하니 '작가'라고 한다. 이런 마법은 글을 통해 가능하기 때문이다.

오늘은 글의 마법사가 되어 선물을 준비하는 시간을 갖도록 하였다. 누군가에게 나의 이야기를 선물하는 것이다. 글쓰기가 힘들고 귀찮은 것이 아니라 선물이 될 수 있는 재미있는 경험을 갖게 하고 싶었다.

예쁜 포장지 안에 아무것도 쓰여 있지 않은 미니북과 이야기 구상지를 넣어 아이들에게 나누어 주었다. 선물이 '나의 이야기'인 것이다.

먼저 누구에게 선물할지 대상을 정하도록 하였다. 부모님, 친구, 할머니, 이모, 선생님, 나, 강아지 등 누구도 괜찮다. 그리고 그 대상과 나 사이의 경험을 떠올린다. '그래! 바로 그 이야기를 쓰면 좋겠다.'라는 두 사람 사이의 사건을 떠올리며 개인 보드판에 낱말로 적어 칠판에 한 줄로 게시하였다. 반 친구들이 무엇을 글감으로 글을 쓸지 한눈에 볼 수 있고, 다른 친구들의 글감을 보면서 다양한 이야기를 떠올릴 수 있기 때문이다.

글감이 정해지면 관련된 경험들을 마인드맵으로 풀어 추억을 되살려 보았다. 대충 짜여진 이야기로 짝과 대화 놀이를 하면서 왜 내가 이 이야기를 쓰고자 하는지를 명확히 하도록 하였다.

* 누구에게 줄 선물이니?
  - 엄마에게 줄 거야.
* 무슨 일이 있었니?
  - 엄마랑 새벽에 편의점 갔던 이야기야.
* 이야기 속에 너의 어떤 마음을 담고 싶니?
  - 그날 밤 있었던 일이 재미있고 엄마와의 추억을 오래오래 간직하고 싶어.
* 그렇구나, 재미있는 이야기가 될 것 같은데.
  - 고마워.

그리고 짝과 입장을 바꾸어 질문하고 답하는 시간을 갖도록 하였다. 이 활동은 내가 쓰고자 하는 글의 방향을 잡기 위해서다.

경험과 관련한 것을 정리한 후 글이 더 풍성하고 재미있게 되기 위해서 상상의 마법을 부려보도록 하였다.

기존에 읽었던 책 속에서 작가의 상상 부분을 찾아보았다. 『치킨 마스크』 그림책에는 자기가 원하는 많은 마스크를 써보면서 대리 만족을 느끼는 장면이 있다. 『만복이네 떡집』은 나쁜 말을 고쳐줄 수 있는 떡이 독특하고 신선한 생각으로 책의 재미를 더한다. 『하룻밤』은 잉어 공주와 용궁, 초록 보석, 세 가지 소원 등이 현실과 연관성을 가지면서 상상으로 이어지기에 더욱 이야기가 재미있게 전개된다.

이런 예를 통해 나의 이야기를 더욱 재미있게 만들어 줄 상상의 마법을 불어넣어 보도록 하였다. 상상한 것을 마인드맵으로 정리하였다. 둘만의 경험을 뛰어넘는 기발한 상상이 선물을 더욱 풍성하게 만들어 줄 것이다.

이렇게 이야기의 얼개를 대충 잡아 놓은 뒤 짝에게 미리 나의 이야기를 들려주도록 하였다. 친구의 이야기를 듣고 질문을 주고받으면서 글을 보충해가는 시간을 갖도록 하였다. 이때 듣는 아이는 이야기가 재미있을 때마다 손가락을 한 개 두 개 펼쳐 주도록 하였다. 손가락 별 5개를 받은 아이의 이야기를 미리 말로 들어보는 시간도 가졌다.

이제 제목을 붙일 시간이다. 이야기의 제목을 보고 상대가 더욱 호기심이 나고 궁금증을 자아낼 수 있도록 아이디어를 내도록 하였다. 칠판에 게시한 자신의 글감이 어떤 제목으로 바뀌는지 알아보기 위해 글감 아래에 제목을 적어보았다. 병원을 글감으로 한 아이는 제목이 '호흡기'로, '할머니' 글감은 '할머니의 신비로운 탈'로 바뀌었다. 이야기가 더욱 궁금해진다.

이렇게 이야기 구상을 한 후 미니북에 대화글과 문단을 사용하여 처음, 중간, 끝부분을 정하여 글을 써 보도록 하였다. 한쪽 면엔 그림을, 한쪽엔 글을 쓰면서 나만의 이야기책을 만들었다. 내가 쓴 글이 작품이 되어 누군가에게 선물로 주어진다고 생각하니 글쓰기에 정성을 다하게 되고 맘을 다하여 임하는 자세가 자못 진지해 보인다. 평생 글쓰기가 자신에게 주는 선물인 것을 아는 시간이었으면 한다.

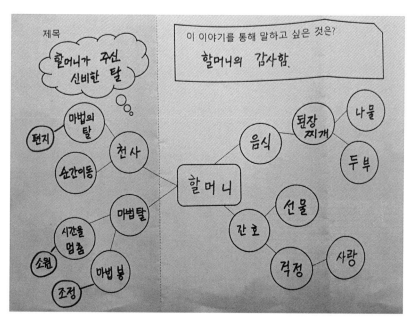
나의 이야기 구상하기

선물상자 속 구상지와 미니북

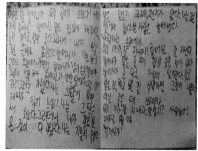
나의 이야기 미니북

　아이들은 자신이 만든 이야기로 책을 만들었다. 다소 어설프지만, 선물인 만큼 정성을 다해 완성해 보려고 하였다. 선물을 받는 사람이 행복해할 것을 생각하며 둘만의 추억을 아름답게 기억하기 위해 글을 쓴다. 아이들이 이렇게 살았으면 한다. 누군가를 위하는 마음으로 내가 할 수 있는 것을 하고 마음을 표현하면서 살아갔으면 좋겠다.

할머니의 신비한 탈

3학년 △반 김○○

어젯밤, 할머니가 우리 집에 오셨다. 내가 가장 좋아하는 할머니! 밥도 맛있게 해주시고 놀아 주시고, 정말 좋다. 그래서 나는 말동무로 은혜를 갚는다.

할머니가 가시는 날,

"우리 손주, 할미가 가는 데 선물 하나 줘야지. 자! 양반탈이다. 이 탈은 마법의 탈이란다. 갖고 싶은 것, 하고 싶은 걸 생각하면 그것이 나온다. 이걸 좋은 데 쓰려무나. 우리 아가, 잘 지내라, 알았지? 사랑한다."

나는 탈을 주신 할머니가 정말 좋았다. 나는 이것만 있으면 새로 나온 장난감, 로봇도 가질 수 있다.

"이제 갖고 싶은 건 다 내 것이야!"라고 외쳤다.

나는 일단 용돈이 필요했다. 엄마한테 생신 선물을 사려면 꼭 필요했다. 그러다 탈 생각이 났다.

"그래 이 탈을 쓰고 생신 선물을 생각하자." 이 말을 한 지 10초도 안 되어 생신 선물로 드릴 머리핀이 나왔다.

덕분에 엄마도 "우리 아들 최고!"하면서 좋아하셨다. 나는 처음엔 좋은 일에 쓰다 점점 욕심이 생기게 되었다. 나는 엄마 아빠를 약 올리고 탈로 용서받고, 필요 없는 쓰레기를 만들고, 장난감이 넘쳐나는데 장난감을 만들어 가졌다. 그런데 점점 소원을 들어줄 때마다 탈이 닳으면서 이상해지기 시작했다. 하지만 나는 신경 쓰지 않았다. 소원만 이루면 되었다.

탈이 닳기 시작한 지 2주째 나는 또 소원을 빌러 탈 가까이 갔는데 갑자기 탈이 공중에 뜨면서

"내가 너에게 제대로 속았군! 네가 처음에 생신 선물이나 쓰레기 분리수거 같은 사소한 것을 빌다가 점점 이렇게 변하다니! 나는 어진 사람 만나 일꾼이 되겠다!" 하고 저 멀리 날아갔다. 나는 어이가 없어서 멍하고 하늘만 보고 있었다.

나는 탈이 없어진 후, 다시 예전처럼 할머니의 말동무가 되었다. 할머니는 "탈이 없어진 거 알고 있다. 그 탈은 주인이 욕심이 많아지면 사라지지." 하고 말씀하셨다. 고개 숙인 내 모습을 보고 할머니가 껄껄껄 웃었다. 그러자 나도 갑자기 이상하게 계속 웃음이 나왔다.

다른 사람의 글을 읽는다는 것은 결국 자신의 이야기를 쓰기 위한 것이라고 한다. 한 권 깊이 읽기가 나의 이야기 쓰기로 발전했다. 행복한 경험이다. 그리고 학교행사로 별밤 독서 캠프를 하였다. 『하룻밤』에서 아빠와 두런두런 이야기를 나누었던 바로 그 텐트를 설치하였다. 운동장에 텐트를 치고 엄마와 둘이서 손전등을 들고 책을 읽었다. 밤이 깊어질수록 책을 밝히는 불은 더욱 또렷해지며 어둠이 내려앉는 가운데 책을 읽는다. 아이들은 평생 기억할 것이다. 책을 함께 읽는 즐거움과 행복함을.

추억 만들기

별밤 독서캠프

3

살면서 소중히 지켜가야만 하는 것

『진짜 도둑』 윌리엄 스타이그 글·그림 / 홍연미 옮김 / 베틀북

이 책은 진실과 믿음 그리고 참된 우정이 무엇인지 배울 수 있는 명작이다. 어느 날 왕궁의 보물이 사라졌다. 보물을 훔친 진짜 도둑은 누구인가? 누명을 쓰고 배신감에 사로잡혀 달아난 보물 창고의 수문장 가윈은 친구들에게 실망한다. 한편 진짜 도둑인 데릭은 자신의 죄를 밝히지도 못한 채 죄책감에 고통스러워한다. 신뢰와 우정이 깨진 나라에 한숨 섞인 슬픔만

이 감도는 가운데 전혀 예상치 못한 방향으로 이야기가 전개되자 아이들은 책에 빠져든다.

책에서 삶의 가치를 배우다

유명한 책이다. 초등학교에서 토론에 많이 활용되는 문학작품이다. 책이 재미있기도 하고 생각해 볼거리도 많다. 책의 내용으로 토론도 하면서 생각의 다름과 삶의 가치에 대해서 확인해볼 수 있다.

"그림이 많아야 되는데 그림이 없어요. 읽기가 힘들 것 같아요." 4학년 아이들의 첫 반응이다. 그러다 가원이 법정에서 탈출하는 장면에서는 감정이 고조되어 이 책이 정말 재미있어서 다음 주까지 기다릴 수 없다고 당장 가져가서 읽고 싶다고 애원하기도 하였다. 책을 읽겠다고 선생님을 조르다니 흐뭇한 장면이다. 그리고 함께 책 읽기의 효과이기도 하다. 아이들은 책 처음에 어려운 낱말들이 자주 나오면 포기하고 뒷이야기까지 진득하게 이어가질 못한다. 선생님과 아이들이 수업시간에 함께 읽으니 발단부의 약간의 지루함을 견디며 사건 전개에 흥미를 갖고 절정 부분에서는 책에 몰입하게 된다.

이 책을 통해 우리가 살아가면서 소중히 지켜가야만 하는 것에 대해 느끼는 시간이 되었으면 한다.

독서단계	학습요소	수업내용
책과 친해지기	• 짐작하기 • 읽기 경험을 나누는 태도 갖기	• 책 정보 찾기 • 작가 소개하기 • 제목으로 질문 만들기
책과 놀기	• 인물·사건·배경 이해하기 • 이야기의 흐름 파악하기 • 낱말의 의미관계 이해하기	• 인물의 마음 읽기 • 낱말 익히기 • 기억나는 문장 나누기 • 인물의 갈등 파악하기
나와 연결하기	• 효과적으로 표현하기 • 대화 예절 지키기 • 작품에 대한 생각과 느낌 표현하기	• 논제 정하기 • 토론하기 • 나의 생각 정리하기

 책 읽기 전 이런저런 이야기

　책의 정보를 함께 찾아보았다. 23쇄 정도면 꽤 많이 읽힌 책이다. 그만큼 유명한 책이다. 아이들은 많은 다른 친구들이 읽은 책을 읽는다는 것에 뿌듯함을 느끼는 듯했다. 작가는 윌리엄 스타이그. 이름을 듣고는 잘 모르다가 『당나귀 실베스터와 요술 조약돌』 이야기를 하자 "아~ 알아요!" 하며 반가워한다. 그 외에도 『아모스와 보리스』, 『치과의사 드소토 선생님』 등 그림책을 40권 정도 집필하면서 그림도 직접 그린 그림책의 황제다. 『슈렉』의 작가라고 하자 더욱 놀라며 우리가 읽을 책도 재미있겠다고 기대감이 한층 높아졌다.

먼저 『진짜 도둑』 제목을 보고 생각나는 질문들을 맘껏 적어보도록 하였다. 칠판에 질문을 붙이고 다른 친구들의 질문을 읽어 보면서 비슷한 질문은 밑으로 연결하여 붙이고 다른 질문들은 옆으로 붙여가도록 하였다. 아이들이 질문 쪽지를 많이 붙이자 "우리 반 애들은 왜 이리 아이디어가 많나?"라고 말한다.

'진짜 도둑이 있다면 가짜 도둑도 있나요?'
'진짜 도둑은 어떤 범죄를 지었나요?'
'진짜 도둑은 누구일까요?'
'왜 제목이 진짜 도둑인가요?'
'도둑으로 몰린 사람은 누구인가요?'

이러한 궁금증을 갖고 책을 읽기 시작하였다.

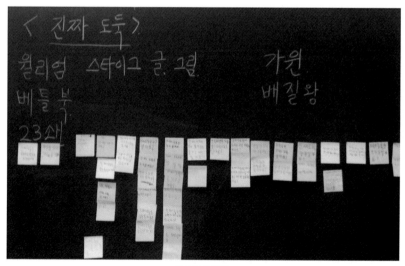

제목으로 질문하기

인물의 마음 읽기

마음 카드 50장을 칠판에 붙인 후 지금 자신의 마음 상태를 알아보도록 하였다. 자신을 객관화시켜 보는 연습은 살아가면서 필요하다. 자신을 잘 관찰한 뒤 마음을 토닥토닥 다독여 보는 연습을 할 때 감정에 휘둘리지 않고 평온한 상태를 유지할 수 있다.

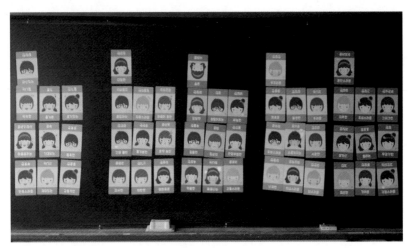

인물의 마음을 읽어요

이번 수업은 상황에 따른 인물의 심정 변화에 초점을 맞춰 진행하기로 하였다. 가원에게 일어난 일과 그때의 마음 상태를 정리해 보았다. 아이들에게 등장인물의 심정을 잘 따라가며 한 줄 읽기를 하도록 하였다. 주요한 사건이 벌어질 때 등장인물의 마음을 헤아려 보았다. 다른 사람의 마음 읽기가 관계 형성의 기본이라고 생각한다. 책 읽기를 통해 삶을 배우는 것이다. 이것이 우리가 책을 읽는 이유 중 하나이다.

'왕의 보물 창고에서 보물이 조금씩 사라질 때 가윈은 두렵고 소름끼치고 난처할 것 같아요.'

'왕이 가윈을 의심할 때 서운하고 슬퍼요.'

'감옥에 갇혔을 때 가윈은 억울하고 두렵고 참담해요. 그리고 너무 어리둥절할 것 같아요.'

'가윈이 법정에 섰을 때는 시무룩하고, 억울했을 것 같아요.'

'배질왕은 보물이 없어졌을 때 혼란스럽고, 고통스럽고, 서운했을 것 같아요.'

'총리의 말을 듣고 왕은 가윈에 대해 정떨어지고 서운하고 배신감 느껴요, 절망스러워요'

'데릭이 보석으로 집을 꾸밀 때는 초조하기도 하지만 뿌듯하기도 했을 것 같아요.'

'가윈의 재판을 법정에서 지켜볼 때 조마조마하고 떨리기도 하고 용기 있게 나서지 못하는 자신에 대해 많이 실망하였을 것 같아요.'

'가윈을 찾으러 숲으로 갈 때는 자신을 용서하지 않을지도 모르기에 초조하고 미안한 마음이 들었어요.'

'가윈에게 있었던 일을 이야기할 때는 속이 시원하기도 하지만 정말 미안하고 후회스럽고 어리석다고 생각했을 것 같아요.'

법정 대화 장면에서 배질왕을 맡은 교사는 당당하고 엄중한 말투로, 가윈을 맡은 아이들은 단호하고 자신의 결백을 주장하는 말투로 역할을 나누어 책을 읽었다. 이야기가 고조되자 점점 분위기가 긴장되고 팽팽하게 맞서게 되어 법정 이야기에 한층 더 몰입되었다. 가윈이 반대편 숲속으로 탈출하여 사라질 때 아이들은 숨을 멈추고, "끝났어요? 더 읽고 싶은데." "벌써 수업이 끝나면 안 되는데." 아이들은 결정적인 순간에 이야기가 끝나자 너무나도 아쉬워하였다.

"궁금한 것을 질문으로 남겨보자. 질문을 3개 정도 만들어 보세요." 아이들은 가원의 심정을 헤아리기도 하고 그 행동에 대한 자신의 생각을 마구마구 이야기하기도 하였다.

갑자기 아이들이 "이 책 가져가서 보면 안 돼요?" "읽고 싶어요."라고 외친다. 그래서 반별 아침 독서 시간에 읽기로 하고 책을 가져갔다. 아이들이 다 읽고 올 경우는 책에 대한 내용 파악과 함께 좀 더 심화된 활동을할 수 있을 텐데, 만약 아이들이 다 읽어오지 않을 경우는 함께 수업하지못하기에 다른 방법이 필요했다. 어찌 될지 궁금했다.

일주일 뒤 아이들은 6명 정도 빼고는 책을 읽었다. 그러면서 하는 말이"선생님과 함께 읽을 때가 더욱 재미있는 것 같아요." "모르는 낱말도 많고중간 중간 궁금한 것도 있고 해서요." 교사가 해야 할 독후활동에 초점을맞추고 시간이 없다고 채근할수록 깊이 읽기와는 거리가 멀어질 수 있다는 생각이 들었다. 두세 시간 몰아서 책을 읽고 이야기를 나누는 방법도좋을 듯했다.

낱말 익히기

책을 읽다 보면 "보초가 뭐예요? 미늘창은요? 수문장은요? 문지기랑 비슷한가 봐요." 낱말의 뜻을 맥락상 짐작하기도 한다. 잘 모르는 낱말은 공책에 정리하면서 책을 읽었다. 아이들이 어려워하는 낱말은 비슷하다. 그림을 보고 낱말의 뜻을 알기도 하고 문맥을 통해 짐작하기도 하며 잘 모르는 낱말은 사전 찾기를 하였다. 그리고 평상시 배운 낱말을 일상생활에서 사용해보도록 하였다. 수시로 배운 단어를 복습하기도 하고 교실 뒷면에 부착하여 아이들이 오가며 눈에 익히도록 하는 것도 한 방법이다. 많은 어휘를 알고 있으면 책을 이해하는 데 도움도 되지만, 자신의 감정이나 생각을 구체적이면서도 좀 더 명확하게 표현할 수 있다.

보초	제복	호탕	몽상	진귀하다
미늘창	어조	육중한	짐	총애
혐의	성품	걸걸하다	아량	질서정연
질색	단호	어안이 벙벙하다	아첨	착오
장본인	아귀	강직	걸걸하다	명예

 이 책에는 공간적 배경이 되는 법정과 관련된 낱말들이 많이 나온다. 뉴스에서도 법 관련 낱말들을 자주 접할 수 있다. 아이들이 거부감 없이 조금은 어려운 낱말들을 익힐 수 있는 좋은 기회다. 아이들이 책을 읽어 가면서 어려워하는 낱말 중의 대부분이 법정 관련 낱말이므로 이 낱말들을 이용하여 낱말 찾기 게임을 하였다. 아이들은 이미 책 읽기를 통해 관련 단어들을 많이 접한 뒤라 찾는 데는 큰 어려움이 없었다. 가로, 세로, 대각선으로 법정과 관련된 낱말을 짝과 같이 찾으며 익히도록 하였다.

가	정	꼬	증	거	넝	다	린	변	론
사	황	시	하	팡	처	벌	골	자	개
봉	증	감	방	재	판	장	벼	백	서
장	거	변	론	교	공	죄	인	양	약
판	간	밤	변	양	수	진	실	범	죄
명	수	무	호	가	차	형	산	북	초
최	살	고	사	범	감	옥	재	판	도
내	법	성	김	죄	버	추	집	행	둑
양	심	정	골	자	마	방	닥	엉	소

법정 관련 낱말을 다시 한 번 써보고 그 단어를 이용하여 법정 놀이를 하였다. 자신들이 찾은 낱말을 이용하여 한 문장을 만들면 그다음에 이어지는 문장을 만드는 것이다. 예를 들어,

"저는 죄가 없어요. 무고합니다."
"증거를 대시오. 증거를. 그러면 법정에서 봅시다."
"저의 변호사가 변론할 것입니다."
"그러세요. 증거가 없을 시는 판사의 판결에 따라 감옥에 갈 수도 있습니다."

법정 역할극을 하면서 낱말의 쓰임새를 익히면서 재미있게 어휘 공부를 하였다.

법정 관련 낱말 찾기

🧑‍🦰 간직하고 싶은 문장 베껴 쓰기

　책을 읽어 가면서 기억나는 문장과 그에 따른 느낌 등을 적도록 하였다. 이런 순간순간의 생각들을 잡고 풀어놓는 과정들이 생각을 깊게 하고 심도 있는 질문으로 이어지게 한다. 그리고 이런 베껴 쓰기가 인물의 심정을 한층 더 헤아리게 하고 나를 만들어 간다.

　'가원은 아니오. 가원은 명예가 무엇인지 아는 거위라는 것을 세상 모두가 알고 있소. 짐은 가원을 짐만큼이나 믿고 있소. 사실 짐은 가원을 내 아들처럼 사랑하고 있소.'라는 장면에서 배질왕은 가원을 아들처럼 사랑하는데 왜 가원을 의심하는지 궁금하다.

　'재판 도중 데릭은 몇 번이나 뛰어나가 가원이 아니라 자기가 도둑이라고 이야기하고 싶은 마음이 들었지만 더럭 겁이 났다.'에서는 앞에 나가서 이야기하고 싶으면 하면 되지 왜 못했는지 데릭에게 물어보고 싶다.

　'이 왕국의 모든 이들이 불행했고 그것은 바로 자신, 데릭의 책임이었다. 눈물이 흘러내려 눈앞이 뿌옇게 흐려졌다. 왕국 전체에 걸쳐 있는 우울함의 먹구름이 데릭에게 더욱 두텁게 드리워져 있었다.'에서는 보석을 많이 훔쳐 심한 죄책감에 시달리는 데릭이 불쌍해 보인다.

　'크나큰 슬픔이 덜어지자 왕은 울음을 터뜨렸다. 그 전까지는 백성들이 보는 앞에서 한 번도 우는 모습을 보인 적 없었지만 왕은 조금도 부끄러워하지 않았다.'에서는 왕이 백성들 앞에서 부끄럼 없이 우는 장면이 오히려 감동이다.

인물 사이의 갈등 파악하기

읽는 중 메모하기

문학작품에서의 인물의 갈등 파악은 매우 중요하다. 갈등 상황에서 인물들 사이의 가치관이 충돌하고 그로 인해 삶의 방향이 달라진다. 책을 읽은 후 각 인물들 사이의 갈등을 알아보고 질문으로 만들어 서로의 생각을 나누어 보도록 하였다.

* 가원과 배질왕 중 누구에게 더 책임이 있는가?

 - 나는 배질왕에게 책임이 있다고 생각해. 왜냐하면 정확하게 한 번 더 검증했다면 틈을 찾을 수도 있기 때문이야. 배질왕은 의심으로 인해 보물도 잃고 사람도 잃었어.

* 가원은 데릭을 용서할 수 있는가?

 - 용서할 수 있다. 데릭은 가원의 혐의를 풀기 위해 보물을 더 훔쳤고 용기

있게 자백했기 때문이야.

- 가윈의 용서가 중요한 것이 아니라 데릭은 도둑질을 했고 그로 인한 다른 이들의 피해까지 생각지 못한 그 어리석음을 용서할 수 없다.

* 배질왕이 가윈을 감옥에 가둔 것은 잘한 일인가?

- 왕은 자신의 믿음에 따라 행동하지 않았고 애드리언의 말만 듣고 증거가 나올 때까지 찾지 않았기에 잘못한 행동이라 생각한다.

* 데릭은 가윈을 통해 무엇을 느꼈을까?

- 데릭은 자신으로 인해 가윈이 오해를 받자 슬프고 힘들었다. 가윈을 찾아가 자백을 하고 용서를 받음으로써 보석이 아닌 우정이 소중함을 알았다.

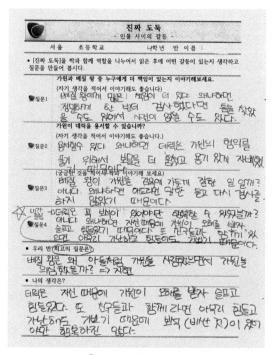

인물 사이의 갈등 파악하기

신호등 토론 놀이로 논제 정하기

  신호등 토론은 빨강, 노랑, 초록색의 카드를 가지고 부담 없이 자신의 의견을 이야기하는 것이다. 토론에 쓰이는 신호등 카드는 아이들로 하여금 토론에 흥미를 느끼게 하는 좋은 학습 도구이다. 빨강은 논제에 대한 '반대'를 노랑은 '중립' 또는 '생각 중'을 나타내고 초록은 '찬성'을 뜻한다.

  우선『진짜 도둑』을 읽고 난 후 교사가 먼저 논제를 2~3개 내놓는다. 아이들은 그 주제에 대한 자기의 의견을 신호등 카드로 표시한다. 빨강과 초록의 수가 비슷할 때는 한두 명 정도 그 이유를 들어본다. 교사가 논제를 제시하다가 아이들 스스로 돌아가며 논제를 발표하라고 하고 아이들은 자기의 의견을 신호등 카드로 나타내게 한다. 이때 논제는 되도록 어미가 긍정어로 되도록 한다. 예를 들어 '초등학생은 핸드폰을 가지고 다녀서는 안 된다'는 논제가 주어지면 찬성, 반대를 무척이나 헷갈려하기에 토론을 진행하는 데 어려움이 많다.

  아이들은 돌아가며 '논제 이야기하고 카드 들기'를 통해 자신의 생각과 다른 친구의 의견에 대해 궁금증을 갖게 되면서 토론에 흥미가 생기게 된다. 이때 교사는 서로의 의견이 다를 수 있음을 강조해야 한다. 또한 같은 의견일지라도 이유가 서로 다름을 인정하는 것이 토론이라는 것도 설명해 주는 것이 좋다.

  한 반의 학생들이 모두 돌아가며 발표할 때 교사는 찬성과 반대 의견이 거의 비슷하게 나오는 논제를 눈여겨 두는 것이 좋다. 이것이 바로 집중해서 토론할 논제가 되는 것이다.

토론 주제	찬성	중립	반대
가윈 자신보다 왕이 원하는 삶을 살아야 한다.			
배질왕이 가윈을 의심하는 것이 마땅한가?			
가윈이 배질왕을 의심해도 되는가?			
가윈은 변호사의 변론을 허락해야 한다.			
증거를 대지 못한 가윈은 감옥에 가둬야 한다.			
가윈의 탈출은 정당하다.			
데릭이 우연히 가져와 장식한 보석도 범죄이다.			
데릭은 법정에서 자신이 진짜 도둑임을 밝혀야 한다.			
데릭은 보물로 가득 찬 집의 비밀을 다른 동물에게 말해야 한다.			
데릭은 보물을 되돌려놓아야 한다.			
데릭은 가윈에게 진실을 말해야 한다.			
진정으로 사랑한다면 상대를 의심하지 말아야 한다.			
가윈은 데릭을 용서해야 한다.			
진짜 도둑의 진실을 가윈과 데릭만 알고 있어야 한다.			
가윈은 왕의 용서를 진심으로 받아들여야 한다.			
가윈은 자신을 의심했던 친구들을 용서해야 한다.			
왕이 내린 상을 데릭은 받아야 한다.			
가윈은 왕의 옆에서 계속 일을 도와야 한다.			
데릭의 죄는 공개되어야 한다.			
가윈의 용서는 참된 우정이다.			

신호등 토론으로 논제 정하기

 토론하기

신호등 토론 놀이를 통해 논제에 대해서 어느 정도 연습이 된 후『진짜 도둑』에서 개인 논제를 각자 정해보도록 하였다. 개인 논제를 정하고 모둠 원에게 이유를 들어 발표한 후 모둠 논제를 정하도록 하였다.

정해진 모둠 논제를 발표하게 한 후 전체 논제를 정하였다. 전체 논제를 다수결로 정한 후 처음의 '데릭은 자기가 도둑이라는 걸 왕에게 자수해야 하는가?'를 '데릭은 자신이 진짜 도둑임을 모든 사람에게 밝혀야 한다.'로 좀 더 명확하고 구체적으로 함께 만들었다.

가윈의 법정 탈출은 정당한가?		데릭이 가윈을 찾아간 것은 옳은 일인가?
	가윈이 법정에서 탈출한 게 옳은 것인가?	
가윈은 탈출하는 게 옳은 것인가?		데릭이 자신의 죄를 말하지 않은 것은 옳은 일인가?

데릭은 자기가 도둑이라는 걸 왕에게 자수해야 하는가?		배질왕이 가윈을 감옥에 넣는 것이 옳은 일인가?
	데릭은 자기가 도둑이라는 걸 왕에게 자수해야 하는가?	
데릭이 가윈을 찾아간 건 옳은 것인가?		배질왕이 가윈을 의심하는 게 맞는 건가?

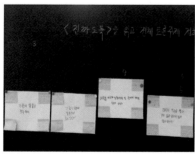

모둠 논제 정하기

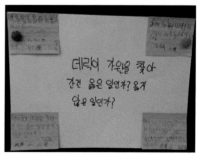

전체 논제 정하기

그리고 논제에 대한 찬성, 반대의 의견을 근거를 들어서 되도록 많이 제시하여 적도록 하였다. 자신의 주장을 먼저 적도록 한 후, 사인펜을 이용하여 그 뒷면에 찬성인 사람은 반대의 의견을, 반대였던 사람은 찬성의 의견을 근거를 제시하면서 써보도록 하였다. 양쪽 편 모두의 의견을 정리하는 과정에서 스스로 더 탄탄한 주장과 근거들을 보충해가는 모습이 보였다.

다음은 아이들이 생각해낸 찬반에 따른 근거들이다. 양쪽 모두의 주장을 펼치는 것이 고민스럽긴 해도 사건을 바라보는 인물들의 다양한 관점을 파악해 보는 데 도움이 된 듯하였다.

논제 : 데릭은 자신이 진짜 도둑임을 모든 사람에게 밝혀야 한다.	
찬성 근거	반대 근거
- 허락 없이 수문장이 지키고 있는 곳에 들어간 것은 도둑이 하는 짓이기에 - 주인이 있는데 남의 물건을 들고 나왔기 때문에 - 가윈이 계속 도둑으로 몰리기 때문에 - 자수하면 벌을 크게 받지 않기 때문에 - 친구가 나 대신 계속 도둑으로 의심받기에 - 도둑질한 것이 진실이기에 - 데릭 때문에 가윈이 억울하게 갇혔기에 - 데릭으로 인해 배질왕과 가윈의 사이가 멀어졌기 때문에 - 모든 사람을 속였기 때문에 - 훔친 데릭도 마음이 불편하기 때문에 - 이 세상에 완전 범죄는 없기 때문에 언젠가 밝혀진다. - 진짜 도둑을 밝히지 않는 것은 거짓말이기 때문에 - 보물을 가져와 자신의 집을 장식만 해도 그것은 도둑질이기 때문에 - 틈새가 있다고 모든 쥐가 들어가서 보물을 가져오지는 않기 때문에	- 밝히면 친구가 다 없어질 수 있기에 - 도둑질을 한 게 없고 장식만 하고 다시 돌려놓았기에 - 평생 감옥에 가서 살아야 하고 괴로우니까 - 밝히면 사람들이 실망하고 배질왕이 많은 벌을 내릴 것이기 때문에 - 친구랑 멀어질 수 있기에 - 무섭고 두렵기 때문에 - 호기심으로 처음 한 것이 죄가 될 수는 없기에 다음에 안 그러면 됨 - 진짜 도둑임을 밝히면 감옥에 가니까 - 밝히지 않으면 보물도 가질 수 있고 벌도 피할 수 있으니까 - 남에게 보여 주지도 않고 팔아서 돈을 받지도 않았기 때문에 도둑질은 아님 - 창고에 다시 가져다 놓은 것으로 가윈은 억울함을 벗은 것으로 되었으니까 밝힐 필요가 없음 - 가윈도 이 기회를 통해 사람들의 진짜 마음을 알았으니까 억울한 것만은 아님

자신의 양쪽 주장을 준비한 후에 본격적인 찬반 토론을 하였다. 임의로 나누어도 할 말이 준비되어 있기에 반발이 많지는 않았다. 양쪽으로 나누어 찬반 토론을 진행하였다. 교사가 사회를 보고 찬성 쪽 의견을 2~3명 듣고, 반대편 의견도 들었다. 그리고 반대편에서 찬성편에 질문을 하고 다시 바꾸어 질문하는 시간을 가졌다. 잘 들어야만 질문하고 반박할 수 있다. 토론에서는 말하기보다 듣기가 더 중요하다.

토론이 한창 진행하던 중 한 아이가, "그럼, 친구 집에 갔는데 친구가 없는 사이 친구 물건을 가지고 왔다가 다음날 몰래 제자리에 가져다 놓는 것은 도둑질이 아닙니까?"라고 질문하였다.

"친구가 모르고 있고 물건만 잠시 빌렸다 가져다 놓았는데 그럼 그게 도둑질입니까?"

"왜 주인인 친구한테 말하지 않나요?"

"친한 사이니까 말하지 않을 수도 있어요."

"친하니까 더 이야기해야죠. 만약 그 친구가 그 사실을 알게 되었다면 어떻게 생각하겠습니까? 서로 믿지 못하는 사이가 될 수 있잖아요."

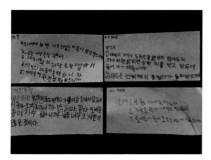

찬반의 근거 마련하기

토론하기

흥분한 가운데 서로 이야기를 주고받았다. 그러면서 내가 좋아서 하는 행동이 다른 사람을 곤란하게 만들 수도 있고, 피해를 줄 수도 있다는 것을 차츰 알아가는 듯했다.

 ## 생각 정리하기

토론을 통해 나의 생각을 정리할 시간을 가졌다. 아이들은 토론을 좋아한다. 사회 교과 시간처럼 배경 지식이 있어야만 발표할 거리가 있는 것에 반해 독서토론은 평상시 자신의 생각을 이야기하면 되기에 마음의 부담이 덜하다. 그래서 공부가 다소 부족한 학생들이 독서토론에서 두각을 나타내는 경우가 많다. 상대의 논리적 허점을 예리하게 잡아 다시 질문할 때 아이들이 그 친구를 인정해줄 때가 있다.

아이들은 여러 논제 중 자신이 더 생각해 보고 싶은 논제를 정해서 정리하였다. 주장과 근거 그리고 근거에 따른 설명과 정리, 4단 논법으로 자신의 의견을 펼쳤다.

〈가원이 모두를 용서하는 것은 잘한 일인가?〉를 선택한 아이는 다음과 같이 자신의 의견을 정리하였다.

"가원이 모두를 용서하는 것은 잘한 일이 아니다. 왜냐면 첫째, 가원의 친한 친구들과 가원을 아끼던 왕까지도 가원을 도둑으로 취급했다. 둘째, 모두가 가원에게 상처를 주었고 배신하였다. 가원이 '나는 너희 모두를 버리겠다. 영원히!'라고 외치는 장면에서 그 상처가 얼마나 큰지를 알 수 있다. 그러한 일은 나중에 얼마든지 일어날 수 있다. 배신하고 의심한 사람

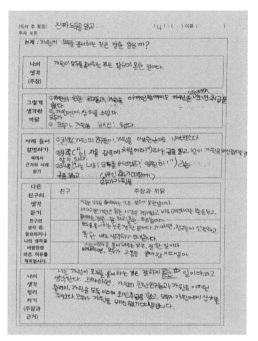

토론으로 생각 정리하기

들은 앞으로도 그럴 가능성이 많다. 용서하기보다는 의심한 사람들도 그에 적당한 벌을 받아야 한다고 생각한다. 그래야 나중에 사람을 함부로 의심하거나 상처를 주지 않을 것이다. 가원이 데릭이 진짜 도둑임을 밝히지 않은 것도 이러한 생각에서인 것 같다."

책 한 권을 읽고 나서

아이들은 이 책을 처음 보았을 때 진짜 도둑이 누구일까? 궁금하기도 했고 흥미진진한 내용으로 빨리 읽고 싶은 느낌이 들었다고 한다. 책을 읽고 난 후 기억나는 인물과 인상 깊은 사건에 대해 말해보았다.

가원이 의심을 받을 때는 너무 안타까웠고 불쌍했으며, 자신에게 그런 일이 일어난다면 억울해서 화병으로 죽을 수도 있겠다고 하였다. 기억에 남는 인물은 가원으로 법정을 탈출한 용기와 소중하게 여기는 믿음에 대해 생각해 보는 시간을 갖게 되었다고 하였다. 또 데릭이 보물을 훔쳐 자신의 방을 장식한 장면에서는 처음에 호기심으로 시작했던 것이 욕심으로 번져 더 큰 일을 벌일 때 조마조마하였다고 하였다. 또 가원을 찾아가서 고백하는 데릭이 그렇게 나쁘지만은 않다는 생각도 들었다고 했다. 도둑질은 하였지만, 자신의 잘못을 인정하고 용서받기 위해 노력한 데릭에게도 욕할 수만은 없다고 하였다. 데릭이 가원에게 자신의 죄를 밝히는 것에 감동받은 아이들이 제법 많았다.

아이들은 이 책을 남의 물건으로 장난치는 친구가 읽었으면 좋겠다고 한다. 자신은 장난이지만 당하는 친구는 괴롭다는 것을 알아주었으면 하는 바람 때문일 것이다. 또 무언가를 숨기고 있는 사람이 읽으면 얼른 자수하여 마음이 편하게 살 수 있기 때문에 추천하고 싶다고 하였다. 억울한 일을 당한 사람도 이 책을 읽으면 언젠가는 오해가 풀릴 수 있다는 희망이 있기에 읽었으면 좋겠다고 말하였다.

아이들은 이 책을 통해 인간관계에서 믿음이 얼마나 소중한 것이고, 그것을 지키기 위해 스스로 노력해야 한다는 것과 잘못을 덮고자 숨기기보다는 밝히는 용기가 살아가는 데 필요하다는 것을 알아가는 듯했다.

『나무를 심은 사람』 장 지오노 지음 / 마이클 매커디 판화 / 김경온 옮김 / 두레

　아무런 기대나 보상도 바라지 않고 평생을 바쳐 나무를 심어 황무지를 숲으로 가꾼 한 사람의 이야기, 책을 읽는 것은 책을 통해 자신을 읽는 일이다. 작가의 지혜가 끝나는 곳에서 독자의 삶은 시작된다.

　이 책은 그냥 훑어 읽으면 맛을 느끼기 어렵고 한 문장 한 문장 꼼꼼하게 생각하면서 읽으면 많은 생각을 할 수 있어서 깊이 읽기 교재로 선택하였다. 고전 읽기, 그 긴 생명력의 비결이 무엇인지 경험해 보고, 적정한 시기에 문학작품을 읽는 감수성과 경험을 맛보게 한다.

꼼꼼히 깊이 읽기 활동(Slow Reading) 계획하기

명작 번역본을 읽기 활동의 자료로 선정하는 경우 중요한 것은 원전에 가장 가까운 책을 우선적으로 선정한다는 것이다. 학년 수준에 적정한 수준의 어휘로 되어 있는 책을 선정해야 함에도 불구하고 중학년이 읽기에 어휘가 좀 어려운 이 판본을 정한 것은 꼼꼼하게 함께 읽어야 좋고, 원전을 접하고 나중에 다시 보았을 때 반가움과 새로운 깨달음을 줄 수 있기 때문이다. 고학년 수업 자료로도 권장한다.

70쪽 분량의 작은 책, 내용은 많지 않지만 쉽게 읽기는 어려운 책, 한 달간 읽기 위해 조금씩 읽을 계획을 한다. 하루에 3쪽 정도만 읽어도 충분하다. 대신 꼼꼼하게, 아침마다 독서시간을 활용하여 읽고 공책에 기억하고 싶은 부분을 메모한다. 그리고 주 2회 정도 8회에 걸쳐 한 달간 수업으로 함께 풀어 간다.

본문을 꼼꼼하게 함께 읽으며 수업을 진행하였다. 묵독보다 낭독이 좋으며 교사가 읽어 주기를 권장한다.

독서단계	학습요소	수업내용
책과 친해지기	• 읽기 경험을 나누는 태도 갖기 • 짐작하기	• 그림책 읽어 주기 • 표지, 출판사항 살피기 • 작가 소개하기 • 작품에 대해 알아보기
책과 놀기	• 사실과 의견 구분하기 • 이야기의 흐름 파악하기 • 의견이 드러나는 글쓰기	• 한 문장 깊이 읽기 • 실감나게 읽기 • 내용 파악하기 • 질문 만들고 의견 나누기 • 찬반 토론하기
나와 연결하기	• 낱말의 의미관계 이해하기 • 이야기의 흐름 파악하기 • 작품 즐겨 읽기 • 작품에 대한 생각과 느낌 표현하기	• 나눔을 실천한 사람들 더 알아보기 • 관련 작품을 보고 느낌 나누기 • 줄거리 요약하기 • 독후활동

 그림책으로 시작하기

관련 있는 그림책으로 도입 활동에 활용하는 방법도 좋다. 아래의 그림책을 활용하여 나무로 만든 첼로의 소리를 들으며 숲의 향기로 마음이 편안해짐을 경험하도록 한다. 그림책을 통해 자연의 소리를 느꼈으면 한다.

『첼로 노래하는 나무』이세 히데코

할아버지를 따라 숲에 들어갔던 기억, 할아버지가 숲에서 키운 나무로, 아버지가 만든 첼로, 아버지의 심부름으로 카잘스에게 첼로를 전해주고 바흐의 음악을 듣고 자신도 첼로를 갖고 싶은 아이, 맑은 수채화에 빠져 책장을 넘기면 숲의 향기와 함께 파블로 카잘스가 연주하는 바흐의 무반주 첼로모음곡이 귀에 들리는 듯하다.

『커다란 나무같은 사람』이세 히데코

식물을 사랑하는 소녀와 식물학자 이야기. "해묵은 그루터기에서 새 생명이 나오는 게 보이지? '움돋이'라고 한단다. 여기에는 그 나무들이 다 모여 있단다."
숲처럼 커다란 나무. 별빛 쏟아지는 밤에도. 눈 내리는 날에도. 이 나무를 지탱해 주는 뿌리가 있었다. 250년 동안이나 이렇게….

책 정보 알아보기

　책의 표지와 제목을 보고 질문하며 책에 대한 궁금증을 서로 나누는 시간을 가졌다. 『나무를 심은 사람』 제목을 보고 떠오르는 것이 무엇인지 짝과 이야기를 나누었다.

- 나무를 심은 사람은 많은데 이 책은 왜 특별할까?
- 나무를 심은 사람은 혼자 살고 있나?
- 왜 나무를 심고자 하였나?
- 얼마 동안 심고 가꾸었을까? 등 궁금한 것을 질문해 보았다.

　이 책은 1953년 발표되었다. 책 정보 중에 1판, 개정판, 17쇄가 무엇을 말하는지 궁금해 하였다. 판은 새로 찍은 것이고 쇄는 같은 것을 계속 찍어내는 것으로 많은 독자가 본다는 사실을 말해준다. 많은 사람들이 본 책이면 감동적이거나 재미있거나 할 것 같다고 한다.

　다음으로는 작가 장 지오노(1895-1970)에 대해 알아보기로 하였다. 그는 프랑스인으로 1914년 군대에 가게 되고 그 후 전쟁과 공산주의에 반대하는 평화주의자였다. 그의 경험과 책의 내용이 어떤 관련성이 있는지 읽어가면서 찾아내는 것도 의미가 있을 듯했다.

　뒤표지의 책 소개를 보고 내용도 짐작해 보았다.

- 작가 장 지오노가 만난 양치기의 실제 이야기
- 나무를 심고 가꾸어 황폐한 땅에 생명을 불어넣은 이야기
- 한 인간이 만들어낸 기적에 관한 이야기

- "그는 아무런 보상도 바라지 않고 자신의 일을 계속했습니다. 그는 대지가 천천히 변해가는 것을 보는 것만으로 행복했습니다."라는 본문의 내용

실제 이야기이고 애니메이션과 동영상이 있다고 하자 아이들은 더 많은 관심을 보였다. 책을 읽기 전 유튜브 검색으로 영상을 보며 내용을 파악해 보았다. 30분짜리 영상을 5분 편집으로 보긴 하였지만, 영상 전체를 보는 것도 의미가 있다고 생각한다. 먼저 간단한 영상을 보여 주자 아이들은 더욱 책에 관심을 가졌다.

서문 필사하기

대학로에서 어느 작가가 자신의 그림을 무료로 티셔츠에 찍어 선물하였다. 단 『나무를 심은 사람』을 읽고 필사한다는 약속을 조건으로 걸었다. 왜 그분은 하필 이 책을 필사하라 했을까? 우리도 그 문장을 공책에 적어 보기로 하였다.

'한 사람이 참으로 보기 드문 인격을 갖고 있는가를 알기 위해서는 여러 해 동안 그의 행동을 관찰할 수 있는 행운을 가져야만 한다. 그 사람의 행동이 온갖 이기주의에서 벗어나 있고 그 행동을 이끌어 나가는 생각이 더없이 고결하며, 어떤 보상도 바라지 않고 그런데도 이 세상에 뚜렷한 흔적을 남겼다면 우리는 틀림없이 잊을 수 없는 한 인격을 만났다고 할 수 있다.'

긴 문장의 필사를 통해 기억에 남는 낱말과 떠오르는 생각이 무엇인지 이야기해 보도록 하였다. '보기 드문 인격', '고결', '보상도 바라지 않고', '뚜

렷한 흔적', '잊을 수 없는 한 인격' 등의 말을 통해 한 사람의 꿋꿋한 행동이 세상을 변화시켰을 것 같다고 이야기한다.

지금의 위기에 처한 지구를 살리기 위해 우리가 할 수 있는 일은 무엇일지 아이들도 그런 고민을 껴안고 자신만의 실천을 다짐하는 계기가 되었으면 하는 바람으로 책을 읽기 시작했다.

 ## 작품 깊이 읽기 1

이 책은 한 문장 한 문장 내용을 파악하며 함께 꼼꼼히 읽는 데 목표를 두고 수업을 진행하였다. 우선 교사가 11쪽에서 35쪽까지 읽어 주었다. 11쪽의 지역 설명은 앞의 지도와 비교하며 읽거나 혹은 학생의 관심과 수준에 따라 건너뛰어도 좋다고 생각한다.

중간 중간 책을 읽다가 뜻이 어려운 낱말은 문맥에서 알아보거나 한자의 뜻으로 알아보거나 사전을 찾아보는 등의 다양한 방법으로 해결하도록 하였다. 예를 들어 황무지(荒蕪地)라는 말은 '모든 곳이 똑같이 메말라 있었고 거친 풀들만 자라고 있었다'(16쪽), 도보여행(徒步旅行)은 '사흘을 걷고 나니…'등을 통해서 알아내도록 하였다. 폐허(廢墟), 고원(高原), 공유지(公有地), 우묵한, 오두막의 낱말을 아이들은 궁금해 하였다.

만약 고학년에서 이 작품을 다룰 때는 문장에서 비유적 표현 찾기를 권장한다.

- 뼈대만 남은 집들 속으로 불어 닥치는 바람 소리는 마치 짐승들이 먹는 것을

방해받았을 때 그러는 것처럼 으르릉거렸다(13쪽).

- 바람이 기와를 두드리면서 내는 소리가 마치 바닷가의 파도 소리 같았다(17쪽).
- 자살이 전염병처럼 번지고 여러 정신병마저 유행하여 사람들이 목숨을 잃었다(21쪽).
- 이 1만 그루의 나무는 바다의 물 한 방울과 같을 것이라고 말했다(33쪽).

35쪽까지 읽어 준 후 책의 느낌과 알게 된 사실을 발표해 보았다.

- 이곳에 있는 사람이 불쌍하다. 목이 마른데 아무리 찾아봐도 물은 없고, 폐허가 된 마을과 야생 라벤더 그리고 넓은 황무지밖에 없으니 절망적일 것 같다. 대체 왜! 이 사람은 아무도 가지 않는 고산 지대에 가서 고생하는지 모르겠다.
- 아저씨, 저 궁금한 점이 있어요. 왜 사람들이 가지 않는 곳에 나무를 심었나요? 그 일은 무척 힘들 것 같아요. 저라면 그런 일은 하지 못할 것 같은데…. 그런데요, 전 아저씨가 사람들하고도 잘 어울렸으면 좋겠어요. 혼자 살면 너무 외롭잖아요.

다음으로 모둠별로 마을의 모습과 양치기를 탐구해 보기로 하였다. 책을 읽어 가면서 중요 낱말이나 기억하고 싶은 문장을 메모하거나 그림이나 마인드맵 등 다양한 방법으로 표현해보도록 하였다.

> **〈마을의 모습〉을 알 수 있는 문장을 찾아보았다.**

- 나는 40여 년 전에 알프스 고산 지대로 여행을 떠났다.
- 그곳은 황무지고 마을은 폐허였다.

- 6월의 뜨거운 날에 나무 한 그루 없는 땅을 걸으며 목이 말랐다.

- 양치기를 만났다.

- 내게 물병을 주고, 우물에서 시원한 물을 길어 올렸다.

- 그는 오두막이 아니라 제대로 된 집에서 살았다.

- 자신의 집에 초대하였는데 집안은 잘 정리되어 있고 무척 깔끔하고 단정하다.

- 마을 사람들은 살기가 어렵고 서로 다투었으며 자살하기도 했다.

〈양치기가 한 일〉을 정리해 보았다.

- 양치기는 밤에 도토리를 정성껏 골랐다.

- 정성껏 골라 세어놓은 도토리 자루를 물통에 담갔다.

- 함께 있으니 마음이 평화로웠고 다음 날도 더 머물렀다.

- 양들은 풀밭 골짜기에 두고 그는 산등성이를 올라갔다.

- 쇠막대기로 구멍을 파고 거기에 도토리를 심었다.

- 그곳은 그의 땅이 아니라고 했다.

- 3년 전부터 이 황무지에 나무를 심어왔다.

- 도토리 10만 개를 심었다. 2만 그루의 싹이 나왔다.

- 그의 나이는 55세였다.

- 이름은 엘제아르 부피에였다.

- 아내와 아들이 죽었다. 매우 고독한 사람이다.

- 너도밤나무 재배법을 연구해오고 있다.

- 자작나무를 심을 계획도 있다.

- 그 다음 날 양치기와 헤어졌다.

〈양치기에 대하여〉 프로필로 나타내었다.

★ 이름: 엘제아르 부피에

★ 나이: 55세

★ 직업: 양치기 겸 환경연구가

★ 프로필: 사랑하던 아들이 죽고, 아내마저 죽자 개와 양과 살아옴.

　　　 그는 나무를 심고, 묘목을 기르며 너도밤나무 재배법을 연구함.

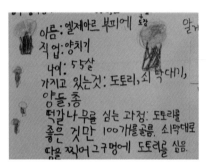

엘제아르 부피에 탐구

그림으로 표현하기

　나의 생각과 질문을 공책에 적고 짝이나 모둠으로 서로 질문 나누기를 하였다.

- 도토리를 심기, 묘목을 심고 기르기, 너도밤나무 재배 연구는 멋진 것 같다. 하지만 그는 가족이 죽었으니 슬프겠다.
- 자기 땅도 아닌데 나무를 심은 까닭은?
- 도토리 10만 개를 심었는데, 2만 그루의 싹이 나온 까닭은?
- 죽지 않고 몇 그루의 나무로 자랄까?
- 아내와 아들은 왜 죽었을까?
- 가족 없이 어떻게 살 수 있을까?

- 1만 그루의 나무는 바다의 물 한 방울과 같을 것이라는 것은 무슨 말일까? 라는 물음에 계속 나무를 심어서 엄청나게 큰 숲이 된다는 뜻이라고 생각한다며 서로의 생각을 주고받았다.

모둠별 질문 나누기를 한 뒤 이야기해 보고 싶은 질문을 칠판에 게시한 후 다른 모둠에서 나온 질문으로 짝 토론을 계속 이어가도록 하였다. 말문이 한 번 트이면 아이들은 술술 이야기를 잘 풀어간다. 다양한 이야깃거리를 통해 자신의 생각을 충분히 말할 기회를 주는 것이 필요하다.

 ## 작품 깊이 읽기 2

계속해서 〈나무를 심은 사람을 따라가며〉라는 주제로 35쪽에서 58쪽까지 읽었다. 교사와 학생, 남녀 등 서로 돌려 읽기도 권장한다. 함께 낭독할 때 책에 집중하게 되고 이야기의 흐름에 몰입하게 된다. 어려운 낱말인 보병(步兵), 원기왕성, 생업(生業), 황폐(荒廢), 천연 숲에 대해 알아보며 읽어갔다. 그리고 알게 된 사실을 공책에 적도록 하였다.

- 이듬해인 1914년 1차 세계대전이 일어났다. 아이들이 궁금해하면 역사적 사건에 대해 간단히 설명해주거나 찾아보도록 하는 것도 좋을 듯하다. 여기에서 처음 양치기를 만난 것은 1913년이고, 그때 3년 전부터 심었다고 하니 1910년부터 나무를 심었다고 유추해 볼 수 있겠다.
- 나는(이 글에서 말하는 사람) 5년 동안 보병으로 싸웠다.
- 나는 전쟁이 끝났을 때 맑은 공기를 마시고 싶어 황무지로 가는 길을 찾아 나섰다.

- 그곳은 변함이 없었으나 산등성이에 회색빛 안개 같은 것이 융단처럼 덮고 있었다.
- 엘제아르 부피에는 더 원기 왕성하고 양치기 대신 벌을 치고 있었다.
- 10년간 자란 떡갈나무는 두 사람보다 훨씬 키가 컸다.
- 빽빽한 숲은 태풍이 불어야 파괴될 만큼 튼튼한 숲이 되었다.
- 골짜기에는 자작나무 숲을 이루고 있었다.
- 개울에 물이 흐르고 있었다. 물은 삶을 바꿔 놓았다.
- 모두 자연의 변화로 저절로 숲이 되었다고 생각했다.
- 단풍나무 1만 그루를 심었으나 모두 죽었다.
- 산림 감시원은 노인에게 나무를 보호하기 위해 불을 피우지 말라고 경고했다.
- 정부 대표단이 숲을 시찰하고 나무를 베어 숯을 굽는 일을 금지하였다.

새롭게 알게 된 사실 정리를 바탕으로 짝 질문, 모둠 질문을 나누는 등, 내용 파악을 통해 작품을 좀 더 깊이 이해하도록 하였다.

* 5년 동안 보병으로 싸웠던 '나'는 장 지오노 자신을 말하는 것일까 아니면 작가가 상상한 인물일까?
    - 여기의 '나'는 장 지오노 자신이라 할 수도 있다. 112쪽에 소개되어있는 바와 같이 그도 그때 전쟁에 참전하였다.
* 전쟁이 끝났을 때 왜 황무지를 다시 갔을까?
    - 맑은 공기를 마시고 싶어 황무지로 가는 길을 찾아 나섰다.
* 산등성이에 회색빛 안개 같은 것이 융단처럼 덮고 있었다는 것은 무슨 의미일까?
    - 나무가 자라고 있는 모습이다.
* 엘제아르 부피에는 왜 양치기 대신 벌을 치고 있었을까?

- 양들이 나무를 해쳐서 나무가 자라는 데 방해가 되기 때문이다.

* 태풍이 불어야 파괴될 만큼 튼튼한 숲이 되었다는 것은 무슨 뜻일까?
  - 나무가 많이 자라 숲이 빽빽해졌다는 의미다.

* 왜 골짜기에는 자작나무를 심었을까?
  - 나무마다 자라는 환경이 달라서
  - 습기가 있을 것 같은 골짜기에는 자작나무를 심었다.

* 개울에 물이 흐르고 있었고 물은 삶을 바꿔 놓았다는데 어떻게 바꿔 놓았을까?
  - 물이 생활에 매우 중요하므로 생활이 아주 편리하고 행복해졌을 것이다.
  - 예로부터 사람들은 강가에 모여 살았다.

* 애써서 나무를 심었는데 사람들은 모두 자연의 변화로 저절로 숲이 되었다고 생각했다면 주인공은 어떤 기분이었을까?
  - 다른 사람들이 알아주는 것보다는 자신의 행복을 위해 심었으니까 상관없다.
  - 알아달라고 한 일은 아니지만 그래도 서운했을 것이다.
  - 나라면 속상했을 것이다.
  - 내가 심었다고 말할 것이다.

* 단풍나무 1만 그루를 심었으나 왜 모두 죽었을까? 그때 어떤 심정이었을까?
  - 단풍나무는 그 지역에서 자랄 수 없는 나무이다.
  - 나무마다 살 수 있는 지역이 다르다.
  - 무척 절망했을 것이다.

* 산림 감시원은 왜 노인에게 나무를 보호하기 위해 불을 피우지 말라고 경고했을까?
  - 그는 노인이 나무를 심은 사실을 몰랐다.

사실 질문으로 내용 확인을 한 후 각자 심화 질문 및 적용 질문 관련하여 함께 생각해 볼 가치가 있는 질문을 두 가지 정도 포스트잇에 적어 모둠별 질문 나누기 활동을 하였다. 모둠별로 논의된 질문은 다음과 같다.

- 왜 양치기 대신 벌을 치고 있었나? 벌치기는 더 어려울 텐데 생업을 바꿀 만큼 나무 심기가 중요한 까닭은 무엇일까?
- 인간의 힘이 얼마나 위대할 수 있을까? 또 다른 위대한 사람을 찾아보면 어떨까?
- 떡갈나무는 빽빽이 자라 있었고, 만약 신이 이 창조물을 파괴하려는 뜻을 갖고 있다면 앞으로는 태풍의 힘을 빌려야 할 것이라는 말은 무슨 뜻인가?
- 물이 다시 나타나자, 삶의 이유 같은 것들이 되돌아왔다는 것은 무슨 의미일까?
- 사람들이 엘제아르 부피에가 나무를 심은 일이라고 의심했다면 왜 그의 일에 훼방을 놓을까?
- 1만 그루의 단풍나무를 심었는데 모두 죽은 까닭은 무엇일까? 그때 엘제아르 부피에는 어떤 마음이었을까? 나라면 이런 어려움이 온다면 어떻게 할까?(48쪽)
- 산림 감시원은 왜 이 숲을 보고 숲이 혼자 저절로 자란다고 생각했을까?
- 산림 감시원이 노인에게 불을 피우지 말라고 경고했을 때 어떤 기분이었을까?
- 일흔 여섯에 집을 짓는 엘제아르 부피에를 어떻게 생각하나?
- 노인의 건강 비결은 무엇일까?(55쪽)
- 노인이 찾은 행복해질 수 있는 멋진 방법은?(57쪽)
- 2차 세계대전 때 엘제아르 부피에의 숲이 위기를 맞은 까닭은?

아이들은 엘제아르 부피에가 건강한 까닭으로 평화롭고 규칙적인 일, 고산 지대의 살아있는 공기, 소박한 음식, 간섭받지 않음, 말이 없음, 자연과 어우러짐을 이야기하였다. 그리고 행복해질 수 있는 까닭은 '항상 자연을 본다, 자연을 연구한다, 느긋하다, 늘 하던 일을 한다, 간섭하지 않는다'로 정리하였다. 지혜롭고 삶의 본질을 꿰뚫는 해답이다. 이처럼 모둠별 질문을 모아 전체 토론 논제를 정하여 토론 활동을 하는 것도 작품을 깊이 이해하는 활동 중 하나이다.

다음으로는 가장 기억나는 문장을 발표하도록 하였다. 발표하고 싶은 아이들 모두 일어선 뒤 한 사람이 발표하면 내용이 같은 친구는 함께 자리에 앉는다. 이때 쪽수도 안내하여 아이들이 함께 읽어 보도록 하였다. 좋은 문장을 마음을 합하여 읽어 갈 때 뭔가 신비로운 기운이 감돈다. 마음이 하나로 모인 듯하다.

- 1910년에 심은 떡갈나무는 그때 10살이 되어 있었다. 나무들은 나와 엘제아르 부피에보다 더 높이 자라 있었다. 참으로 놀라운 모습이었다. 그야말로 말문이 막혔다. 우리는 말없이 그의 숲속을 거닐며 하루를 보냈다(40쪽).
- 이 모든 것이 아무런 기술적인 장비도 갖추지 못한 오직 한 사람의 영혼과 손에서 나온 것이라 생각하니 인간이란 하느님처럼 유능할 수 있다는 생각이 들었다(41쪽).
- 떡갈나무는 빽빽이 자라 있었고, 만약 신이 이 창조물을 파괴하려는 뜻을 갖고 있다면 앞으로는 태풍의 힘을 빌려야 할 것이다(41쪽).
- 개울에 물이 흐르는 것을 보았다. 사람들이 기억하는 그 개울은 언제나 말라 있었다(43쪽).
- 물이 다시 나타나자, 버드나무와 갈대가, 풀밭과 기름진 땅이, 꽃들이, 그리고 삶의 이유 같은 것들이 되돌아왔다(45쪽).
- 그들 역시 건강이 넘치는 젊은 나무들의 아름다움에 매혹당하지 않을 수 없

었다. 그 아름다운 숲은 국회의원까지도 사로잡았던 것이다(52쪽).

그리고 왜 그 문장을 특별히 기억하고 싶은지 그 까닭도 이야기하는 시간을 가졌다.

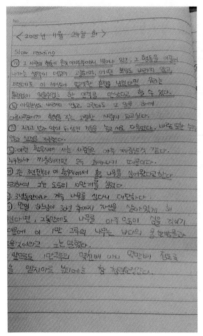

꼼꼼히 메모하며 읽기

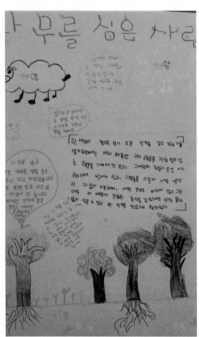

느낀 점 기록하기

 ## 작품 깊이 읽기 3

이어서 〈행복한 삶이란?〉 주제로 59쪽부터 71쪽까지 읽었다. 알게 된 사실을 짝-모둠-전체로 확장해 가면서 확인하였다.

- 마지막으로 만난 것은 1945년 6월 그의 나이 87세

- 마을이 완전히 변해 있었다.

- 단 세 명이 살던 마을은 1만 명이 넘는 사람들의 마을이 되었다.

- 부드러운 바람이 불고, 물소리도 들렸다.

- 마을 사람들이 돌아와 사람들이 살고 싶은 행복한 마을로 변해 있었다.

- 엘제아르 부피에는 평화롭게 눈을 감았다(89세).

아이들이 기억하고 싶은 문장은 다음과 같다.

- 모든 것이 변해 있었다. 공기마저 달라져 있었다(61쪽).
- 한 사람이 오직 정신적, 육체적 힘만으로 황무지에서 이런 가나안 땅을 이룩
  해 낼 수 있었다는 것을 생각하면 나는 그 모든 것에도 불구하고 인간에게
  주어진 힘이란 참으로 놀랍다는 것을 깨닫게 된다(70쪽).

책의 마지막 부분을 읽어 가며 아이들이 나눈 질문은 매우 진지하였다.

- 배운 것 없는 늙은 농부에게 크나큰 존경심을 품게 되는 까닭은?
- 많이 배운 것과 훌륭한 인격은 어떤 관계가 있을까?
- 평생 나무를 심는 일은 누구의 행복을 위한 일이었나?
- 엘제아르 부피에는 어디에서 행복을 찾았나?
- 나는 어떤 삶을 살까? 나를 위한 삶인가? 의미있는 삶인가?

모둠 질문을 통해 결정된 최종 논제는 〈행복의 조건으로 볼 때 주인공
의 삶은 행복한가?〉였다. 이것으로 독서토론을 진행하였다.

찬성 쪽 입장을 정리해 보면 주인공의 삶은 행복하다. 여기서의 행복이란 '다른 사람들을 위해 노력하는 것'으로 정의한다. 주인공이 행복하다고 생각하는 이유는 첫째, 여러 다른 사람을 위해 희생하고 노력하는 것이 뿌듯하다고 느끼기 때문에 행복한 삶일 것 같다. 둘째, 목표를 가진 삶이기에 행복하다. 셋째, 마을에는 3명밖에 없었는데 여러 사람들이 다시금 마을로 오도록 하였기에 행복한 삶이라고 생각한다. 물론 힘든 일로 인해 불행하다고 생각할 수도 있지만, 스스로가 행복하다고 생각하는 것이 무엇보다 중요하다. 위와 같은 이유로 목표를 갖고 스스로 행복하다고 느끼는 삶이 바로 행복이다.

반대 쪽 입장을 정리하면 주인공은 행복하지 않다고 생각한다. 여기서 행복하지 않은 삶이란 얻은 것이 없기 때문이다. 가난하고 황폐하고, 어떤 때는 나무가 다 죽고 혼자서 했기에 외롭고 고독하고 힘들었다. 또 그 사람의 하루하루의 엄청난 노력을 다른 사람들은 보잘것없이 생각하고 몰라주었기 때문이다. 그리고 돈도 명예도 친구도 가족도 시간까지 없는 삶이 행복할 수는 없다. 물론 다른 사람을 도와주는 것에서 행복을 느낀다고 하지만 타인만을 위한 삶은 진정한 행복이라고 생각하지 않는다.

찬반 의견을 나누는 가운데 '행복이란 과연 무엇을 말하는 것인가?'에 대해 진지하게 생각해 보는 시간을 가졌다. 다른 사람의 삶을 통해 내 삶을 다듬어 가는 좋은 기회인 것 같다.

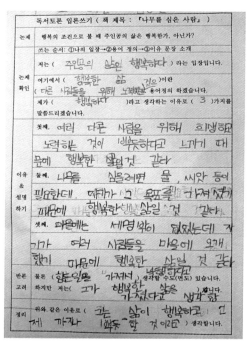

독서토론 입론쓰기

 작품 깊이 읽기 4

앞서 아이들이 제안했던 주인공 엘제아르 부피에 같은 삶을 산 사람을 더 알아보기로 하였다. 아래에 소개된 유튜브 동영상을 선택해서 활용하길 바란다.

- 〈천리포수목원 설립자 민병갈 원장〉 10분

이 땅을 살다간 엘제아르 부피에와 같은 민병갈. 그는 평생을 바쳐 가장 아름다운 수목원을 가꾼 미국인이다.

그리고 나눔을 실천한 이태석 신부, 김수환 추기경, 빌 게이츠 등과 관련된 책 소개 및 이야기를 들려주는 것도 한층 더 작품을 이해하는 활동이 될 듯하다.

- 〈뿌리 깊은 미래 임종국 KBS spot 동영상〉 2분
- 〈나무 심는 여인: 중국의 사막을 숲으로 가꾼 여인〉 5분
- 〈배상민 디자이너 강연〉 3분, 〈배상민의 창의력 비법〉 5분
- 〈김하종 신부〉 4분

위에 열거된 사람들의 공통점을 찾고 느낌을 발표하고 서로의 생각을 나누는 시간들이 아이들의 삶의 방향과 가치관 형성에 많은 도움이 될 것이라고 생각된다.

 작품 깊이 읽기 5

전체 작품을 되짚어 보기 위해 낱말 빙고 놀이를 하였다. 글 전체에서 각자 떠오르는 낱말을 쓴 후 빙고 놀이를 하였다. 한 줄 나란히 동그라미를 치면 빙고를 외친다.

여행	황무지	양치기	도토리
정성	전쟁	엘제아르 부피에	떡갈나무
자작나무 숲	단풍나무	개울	천연 숲
행복	보상	고결한 인격	평화

그리고 낱말을 넣어 문장 만들기를 하였다. 문장을 이어주면 글 전체 내용이 된다.

- 나는 여행을 하다가 만난 고독한 <u>양치기</u>의 집에서 머물게 되었다.
- 엘제아르 부피에는 밤에 도토리를 정성껏 골라 다음날 산등성이에 올라 쇠 막대로 구멍을 파고 심었다. 그는 <u>떡갈나무</u>를 심고 있었다. 골짜기는 <u>자작나무</u> 숲을 이루었다.
- 그는 <u>단풍나무</u> 1만 그루를 심었으나 모두 죽었다. 그래서 너도밤나무를 심었다.
- 노인이 평생을 걸려 나무를 심은 것을 모르는 사람들은 저절로 생긴 <u>천연 숲</u>이라고 생각하였다.
- 아무런 <u>보상</u>을 바라지 않고 오로지 자신의 일을 해낸 <u>고결한</u> 인격을 가진 사람 덕에 행복한 마을을 이루었다.

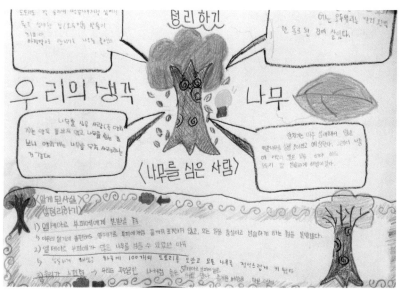

생각 나누기 모둠 활동

책 읽기와 생각 나누기를 마친 후 마무리로 글쓰기를 하였다. 공책에 기록한 것들-책을 읽어 가면서 메모한 기억하고 싶은 문장과 느낌-을 사이사이 넣으며 최종 독후감을 쓰도록 하였다. 그리고 글을 돌려 읽고 느낌을 서로 나누었다. 학교 홈페이지나 학급 클래스팅을 이용하여 독후감을 올리고 서로 공유하며 느낌을 댓글로 다는 활동도 좋을 듯하다.

내 삶의 나무심기 실천하기

드라마틱한 줄거리도 없어 아이들이 책에 흥미가 없을까 걱정을 하였는데 주인공을 따라가며 아이들은 몰입하였고, 동화라기보다는 실화라는 생각에 더 가깝게 밀착하였고 독후활동 글을 살펴보니 주인공의 삶을 마음에 깊이 새겼다. 자신보다 남을 위해 사는 삶에 대한 존재 성찰의 시간이었다. 나눔의 삶, 의미의 삶, 아홉 번째 지능인 존재 지능을 건드리며, 책이 어려운 아이들은 어렴풋이 남은 이 기억이 훗날 다시 이 책을 만나 반가움을 나누기를 바라는 마음이다.

또한 운동장 텃밭의 식물을 관찰하고 4학년 과학 '식물 기르기' 단원과 연계하여 직접 자기 화분에 강낭콩, 옥수수에 매일 물주며 키우고 관찰 일지를 쓰며 나무를 심는 마음을 더 깊이 이해하게 되었다.

3장

그림책 깊이 읽기

『터널』
『지각대장 존』
『엄마 까투리』
『노란 우산』
『이상한 화요일』
『머나먼 여행』
『왜?』
『그림자 놀이』
『여행 그림책』

1

화해와 성장의 공간으로 들어가기

『터널』 앤서니 브라운 글·그림 / 정미란 옮김 / 논장

그림책 깊이 읽기

　동화책을 펼쳐 놓은 채 터널로 들어가는 아이의 뒷모습, 도대체 왜 터널로 기어들어가는 것일까? 궁금증을 안고 책장을 넘기면 양쪽으로 대비되는 화면, 화려한 꽃무늬 아래엔 책이 한 권 놓여 있고 그 옆면엔 단단한 벽돌 그림, 이것은 무엇을 말하는 것일까?

'어느 마을에 오빠와 여동생이 살았어요. 둘은 비슷한 데가 하나도 없었어요. 모든 게 딴판이었죠.'

첫 장면에서 꽃무늬와 벽돌이 그려진 면지의 그림이 오빠와 여동생을 소개하는 배경 화면으로 연결되고 있다. 동생은 자기 방에 틀어박혀 책을 읽거나 공상을 하고, 오빠는 친구들과 밖에서 뒹굴며 뛰어놀기를 좋아한다.

다음 장을 넘기면서 그림을 읽어 보자. 동생의 자는 방에 늑대 모습을 하고 살금살금 기어들어 오는 오빠, 벽에 걸린 늑대 얼굴 코트, 월터 크레인의 『빨간 모자』 그림 액자, 전등 옆 아이를 향해 내려오는 스위치는 왠지 수상한 얼굴 같고, 옷장 문틈으로 삐져나온 하얀 옷, 침대 머리맡에 놓인 과자집, 그리고 침대 밑에 슬쩍 보이는 엎드려 있는 신발, 동물 꼬리, 잠들기 전까지 보다가 펼쳐 놓은 책의 괴물 그림. 정말로 밤이 무섭기만 한 여동생이다.

둘은 얼굴만 마주치면 언제나 다툰다. 어느 날 아침, 보다 못해 엄마는 화를 내며 "둘이 같이 나가서 사이좋게 놀다 와! 점심때까지 들어오지 마!"라고 말한다. 억지로 함께 나간 오빠와 동생, 무서워 벌벌 떠는 동생에게 겁쟁이라 놀리는 오빠는 터널을 발견하고 혼자 터널 속으로 들어간다. 터널이 무서워 들어가지도 못하고 혼자 기다리던 동생은 할 수 없이 살금살금 기어들어 간다. '컴컴하고, 축축하고, 미끈거리고, 으스스한' 터널 속으로.

그 무시무시한 터널을 통과하여 반대편으로 나갔지만, 오빠는 그림자조차 보이지 않는다. 까만 새들이 먹고 있는 것은 오빠가 길을 안내하는 빵조각일까? 그럼 오빠가 간 길을 어떻게 찾아가지? 숲은 갈수록 컴컴하고 울창해지고 두려움에 떨고 있는 동생에겐 동화에서 읽은 늑대와 거인과 마녀가 떠오른다. 거인의 손이 밧줄을 내리고, 뱀이 자신을 향해 기어오고, 온갖 기괴한 동물들의 모습, 나무 뒤에는 시커먼 늑대가 입을 벌리고 있는데 빵 바구니는 쏟아져 있고, 너무 무서워 당장에라도 되돌아가고 싶다. 하지만 오빠 걱정 때문에 동생은 돌아가지도 못하고 뛰기 시작한다. 그 뒤로 곰이 달려오고 멧돼지가 날카로운 이빨을 드러내며 노려보고 있다. 깊은 숲속에 마녀의 집도 보이고, 바로 뒤에선 지팡이를 든 늑대가 노려보고 있다.

겁에 질려 숨이 차도록 뛰다가 멈춰 선 순간 만난 사람은 바로 뛰어가다가 뒤를 돌아보는 모습으로 돌처럼 굳어버린 오빠였다. 동생이 걱정되어 뒤를 돌아보다가 그만 돌이 되었나? 뱀이 우글거리는 메두사의 얼굴을 본 것일까? 동생은 자기가 너무 늦게 와 오빠가 돌이 된 것 같아 "아, 어떡해! 내가 너무 늦게 왔나 봐!" 흐느끼며 오빠를 와락 껴안고 운다.

그러자 돌은 조금씩 부드럽고 점점 따스해지더니 다시 오빠로 돌아왔다. 네 장면의 그림 변화는 놀라운 환희를 안겨주고 마지막 장면에서 뒤를 돌아 동생을 향하며 오빠는 반갑게 말한다. "로즈! 네가 와줄 줄 알았어." 처음으로 오빠는 동생의 이름을 다정하게 불러준다. 오빠와 동생은 갔던 길을 되짚어 깊은 숲을 지나고 작은 숲을 거쳐, 터널을 지나 밖으로 나온다. 이번에는 둘이서 함께. 터널을 지나오면서 모든 것이 바뀌게 되었다.

이야기를 다 읽고 나면 제목이 터널인 이유를 알 수 있다. 이 터널은 엄청난 두려움을 함께 이겨낸 오빠와 동생의 통과 제의(initiation)로서의 역할이다. 이 경험으로 한 단계 성숙한 오누이의 모습, 서로를 보며 환하게 웃는 동생의 모습과 뒷모습을 보이는 오빠의 표정을 상상하며 독자 또한 그 두렵고 무시무시한 터널을 숨죽이며 함께 지나왔기에 이제 안도의 한숨을 내쉬며 마음 놓고 환하게 웃을 수 있는 것이다. 숲속의 온갖 두려움을 날리고 우리도 비로소 마음을 놓는다. 뒷면지에 책과 축구공이 나란히 놓인 것을 보며 이제 오빠와 동생 사이에는 강한 끈으로 연결되었다고 이렇게 말없이 살짝 암시해준다.

　앤서니 브라운은 1983년 『고릴라』로, 1992년 『동물원』으로 최고의 그림책에 주는 '케이트 그린어웨이 상'을 수상하였다. 표지에 소개된 대로 2000년엔 아동문학의 노벨상이라 할 수 있는 '안데르센 상'을 받은 작가이다. 또, 영국 왕실의 계관작가이기도 했던 그는 『꿈꾸는 윌리』, 『미술관에 간 윌리』 등 윌리 시리즈와 꼬마 곰의 마술 연필 시리즈, 『돼지 책』, 『숲 속으로』 등으로 우리들에게 매우 익숙한 작가이다.

　작가는 『터널』을 통해 서로 미워하고 다투면서도 결정적인 순간에는 서로를 아끼는, 아니 아낄 수밖에 없는 동기간의 우애를 표현하고 있다. 간결하면서도 공감을 자아내게 하는 글도 아름답지만, 머리카락 한 올 한 올, 인물들이 입고 있는 옷, 보고 있는 책까지 치밀하게 묘사하는 극사실주의와 인물이 느끼는 정서를 초현실적인 표현 기법이 묘하게 어우러지면서 만들어내는 독특한 매력이 인상적이다. 작가의 특징인 가족애, 옛날이야기 차용, 숨은그림찾기의 재미가 우리를 책에 푹 빠져들게 한다. 이 책을 읽고 '형제간에 어떻게 지내야 할까요? 작가가 이야기하는 것은 무엇일까요?'와 같은 이야기는 사족(蛇足)이다. 그저 그림에 푹 빠져 읽고 나면 저절로 마음에 담기는 것들이 가득하다.

　2016년 여름, 석 달간 '앤서니 브라운'의 전시가 있어 아이들과 독서 수업 시간에 작가의 작품을 모두 찾아 읽었다. 전시장에서 작가의 사인을 받고 함께 사진을 찍어 온 아이도 있었다. 행복한 그림책 읽기 시간이었다.

책 읽기 전 질문 나누기

그림책을 함께 읽을 때는 늘 표지를 보며 이야기를 나눈다. 표지 그림과 제목을 보며 질문하고 다양한 물음으로 아이들의 궁금증이 왕성해지면 뒤표지로 옮겨간다. 책 소개도 읽어 보고 면지와 출판 등의 서지 사항을 살펴보고 작가에 대해서도 알아본 후 비로소 책 읽기로 들어간다.

표지를 보고 궁금증을 이야기해 볼까요?

- 왜 터널로 들어갈까요?
- 왜 동화책이 펼쳐져 있어요?
- 터널 속에는 무엇이 있어요?
- 왜 혼자 들어가요? 무서울 것 같아요.
- 안데르센 상 수상 작가가 뭐예요?
- 왜 제목이 『터널』일까요?

뒤표지의 책 소개를 살펴보고 질문을 해볼까요?

- 터널 속으로 들어가기 전과 후가 어떻게 바뀌었을까요?
- 터널 통과 후 무엇이 달라졌을까요?
- 터널 속에서 무슨 일이 있었을까요?
- 오빠와 여동생이 티격태격 다투었어요.
- 터널 속으로 들어간 뒤 모든 것이 바뀌었어요.
- 터널이 너무 어두워요. 무섭고 걱정돼요.

- 앞에는 책이 펼쳐져 있었는데 지금은 책이 덮여있어요.

이것은 그림을 잘 관찰해야만 볼 수 있는데 아이들의 그림 보는 시각은 대단하다. 아이들은 함께 책을 펼쳐 앞뒤 표지를 연결하여 비교해보기 시작한다. 그림책은 글을 읽는 것보다 그림을 보는 것이 더 의미가 잘 전달될 수 있다.

이제 책장을 넘겨본다. 책장을 넘기면 가장 먼저 나오는 표지의 안쪽 면이 면지이다.

"면지의 한쪽은 꽃무늬이고 한쪽은 벽돌 무늬가 있네요. 무엇을 말하는 것일까요?"

- 남자와 여자일까요?
- 꽃무늬는 부드럽고 벽돌은 딱딱한 느낌이 들어요.
- 한쪽은 방이고 한쪽은 바깥을 나타내는 걸까요?
- 꽃무늬 아래쪽엔 책이 있는데 여자아이가 책을 좋아하나요?

나름대로 이유를 붙여가며 그림을 읽는다. 그것이 그림책 읽기의 시작이다. 의미를 붙여 보는 것. 책에서 작가소개와 출판 사항(서지 사항)을 찾아보며 '앤서니 브라운'에 대해 알고 있는 것을 발표하였다. 아이들은 무척 신나서 발표가 끝없이 이어진다. 각자 집에 있는 책들, 유치원 때부터 읽은 책들, 전시장 다녀온 이야기에 이어 전시장에서 직접 작가를 만나 사인도 받았다는 아이도 있다. 아이들이 좋아하고 친숙한 작가이다.

"앤서니 브라운은 『고릴라』와 『동물원』으로 '케이트 그린어웨이 상'을 받았어요. 이 상은 영국의 도서관 협회에서 뽑은 그해에 그림책 중 최고의 그림책에 주는 상이에요. 그림을 정말 잘 그리는 작가에요. 또한 안데르센 상도 받았는데 최고의 작가에게 주는 어린이 책의 노벨상같은 것이에요."

"정말 그림도 잘 그리는 대단한 작가네요."

이 책이 영국에서는 1989년에 나왔고 우리나라에서는 24쇄를 찍어낼 정도로 많이 팔렸다는 것을 알고 왜 그렇게 많은 아이들이 읽었을까? 그 매력은 뭘까? 생각하며 책 읽기를 시작하였다.

책 읽어 주기

책을 읽기 전 많은 궁금증을 가지고 책 내용을 상상하며 읽기 시작하였다. 그림책은 직접 책을 보여 주며 읽어 주는 게 가장 좋지만, 아이들이 많은 교실에서 실물화상기를 쓰거나 그림을 사진으로 찍어서 PPT 화면으로 만들어 보여 줄 수도 있다. 책을 읽다 보면,

"어? 오빠와 동생 사진 뒤 배경이 앞에서 본 화면이에요. 역시 오빠와 동생을 나타낸 것이었어요."

자신의 추측을 확인하게 되자 내용에 더 흥미를 갖는다.

"오빠와 동생 사이가 나빠요. 우리 엄마도 오빠랑 싸운다고 야단쳐요."

아이들은 이 장면에서 오빠에게 서운한 점, 엄마에게 속상한 점, 그리고 그때의 자신의 심정에 대해 풀어놓는다. 나의 불편한 마음을 누군가에게 이야기할 기회나 풀어놓을 상대가 있다는 것만으로도 위로를 받게 된다. 그런 일이 나에게만 일어나는 것이 아니라는 것에 동질감도 느낀다.

동생이 잠자는 방의 장면에서, "어? 선생님 늑대가 있어요. 터널도 있어요." 하며 모두들 눈이 번쩍 뜨인다. 그래서 재미있는 그림 찾기를 해보았다.

"동생 로즈가 자는 방이죠, 무엇이 보이나요?"

- 늑대 가면을 쓰고 살금살금 기어들어 오는 오빠가 있어요.
- 오빠 그림자가 늑대 모양이에요.
- 그림자가 터널이에요.
- 벽에 걸린 코트가 늑대 얼굴이에요.
- 전등 옆 아이를 향해 내려오는 스위치도 얼굴 모양인 것 같아요.
- 옷장 문틈에 하얀 옷이 끼어있어요.
- 침대 옆에 과자집이 있어요.
- 침대 밑에 신발이 엎어져 있어요. 오빠인가?
- 침대 밑에 동물 꼬리도 있어요.
- 침대 위에 펼쳐진 책에 괴물 그림 있어요.

"어떤 동화 내용이 생각나나요?"

- 과자집이 있어요. 『헨젤과 그레텔』이요.
- 액자에 빨간 모자와 늑대 그림 있어요, 벽에 늑대 모양 빨간 망토도 있어요. 『빨간 모자』이야기요.

- 『사자와 마녀와 옷장』이요. 옷장속으로 들어갈 것 같아요.

"터널 속은 어떤 느낌일까요?"

- 터널 속은 컴컴하고, 축축하고, 미끈거리고, 으스스했어요.
- 엄청 두려워요. 터널 속으로 사라질 것 같아요.
- 터널에서 오빠도 안 나왔잖아요.
- 〈겨울왕국〉으로 들어가는 것 같아요.

계속 그림책을 읽어 가던 중 터널 밖으로 나온 장면에서 또 '그림'을 만났다. 아이들의 질문이 쏟아진다.

- 선생님 나무가 이상해요.
- 새가 있어요. 뭘 먹고 있어요.
- 숲속 나무가 동물 얼굴 같아요.
- 새가 빵을 쪼아 먹고 있어요.
- 새가 빵을 먹어서 오빠가 간 길을 찾을 수 없어요.
- 『헨젤과 그레텔』이야기가 생각나요.
- 옆의 그림에선 도끼도 있고, 모닥불도 있어요.

- 『헨젤과 그레텔』 책에 나온 그림이네요.

- 그런데 엄청 큰 거인의 손이 있어요. 손톱, 밧줄도 있고, 밧줄로 잡아당길 것
  같아요.

- 콩 나무가 자라고 있는 걸 보니 『잭과 콩나무』도 생각나요.

- 바구니가 넘어져 빵이 쏟아졌어요. 할머니께 드릴 케이크인가?

- 『빨간 모자』 아이가 늑대에게 잡아먹혔나 봐요.

- 나무 뒤에 늑대 얼굴도 있어요.

- 그런데 뱀 얼굴이 많아요. 무시무시해요.

- 『메두사 이야기』가 있는데 머리카락이 뱀인데 쳐다보면 돌이 된대요.

- 정말 엄청 무서울 것 같아요.

아이들은 그림을 읽어 가면서 동생이 느꼈을 공포감과 두려움을 체험
한다. 알고 있는 이야기가 머릿속에 떠오르면서 그 느낌은 두 배가 된다.
다음 장면에서 아이들은 더 빨리 반응하며 자신의 느낌과 생각을 표현하
였다.

- 와 정말 무시무시해요.

- 팔 없는 곰이 달려오고 있어요.

- 바닥에 멧돼지가 노려보고 있어요.

- 눈이 무서워요, 날카로운 이빨도 있어요.
- 저 뒤 깊은 숲속에 마녀의 집도 보여요.
- 나무 밑에 무서운 얼굴 같은 게 있어요.
- 아이의 바로 뒤에선 지팡이를 든 늑대가 노려보고 있어요.
- 양의 옷을 입었어요. 그림에 있던 늑대예요.
- 여자아이가 겁에 질렸어요.
- 아이가 막 뛰어가요. 엄청 무서운가 봐요.
- 나도 굉장히 무서울 것 같아요.

그림을 보며 온몸으로 느끼며 느낌을 표현한다. 줄글이 주는 효과 그 이상이다. 이것이 그림책의 매력이다. 오감을 통해 이야기를 읽어내는 것이다. 책을 다 읽고 난 후 가장 기억나는 장면에 대해 이야기를 나누었다. 역시 숨은그림찾기가 최고 장면으로 꼽힌다.

오빠가 뒤돌아보며 돌이 되는 장면에 이어서 오빠가 점점 변해가는 네 장면을 함께 자세히 들여다본다.

- 그래서 뱀 얼굴이 많이 있었구나.
- 성경에도 뒤돌아보다가 돌이 되는 이야기 있어요.
- 맞아요, 〈소돔과 고모라〉 이야기.
- 그런데 오빠 얼굴과 옷이 점점 환해져요.
- 배경도 밝아져요.
- 오빠가 원래 모습으로 돌아와요.
- 바닥에 돌이 있었는데 점점 희미해지고 꽃으로 변했어요.
- 꽃이 피어서 돌을 밀어 올렸나 봐요.

아이들의 생각은 정말 대단하였다.

"꽃은 대체 어디서 난 걸까요?"

- 동생의 눈물로 꽃이 피었나 봐요. 사랑의 꽃, 생명의 꽃.
- 동생의 눈물과 사랑으로 오빠가 변했어요.
- "아, 어떡해! 내가 너무 늦게 왔나 봐!" 하고 동생이 눈물 흘리는 장면에서 울컥했어요.
- "로즈, 네가 와줄 줄 알았어!" 전에는 "야" 이렇게 불렀는데 로즈라고 이름을 불러요.
- 오빠와 동생의 사이가 좋아졌어요.

이 글의 주제가 되는 질문이다.
"오빠와 동생 사이가 좋아진 까닭은 무엇 때문일까요?"

- 터널이에요. 터널을 들어가는 용기인데요. 그 용기는 오빠에 대한 사랑 때문에 생겼어요.
- 오빠와 동생이 완전히 달라졌어요. 행복해졌어요.

이렇게 그림책에 푹 빠져 행복해지면 그것으로 수업은 의미 있다고 생각한다. 이 책의 장면 장면과 이야기가 마음에 오랫동안 남을 테니까.

이 책에 나오는 여러 가지 단서를 통해 떠오르는 동화책의 제목을 적고 빙고 놀이를 하였다.

	빨간 모자	
사자와 마녀와 옷장	잭과 콩나무	이상한 나라의 앨리스
	헨젤과 그레텔	

동화책의 제목을 적고 내가 알고 있는 이야기를 친구들에게 재미있게 들려주는 시간을 가졌다. 아이들은 오빠와 동생이 이상한 곳으로 사라지는 것과 터널 속으로 들어가는 것에서 '앨리스'가 굴속으로 들어가는 것과 겹쳐진다고 하였다. 앤서니 브라운은 『이상한 나라의 앨리스』 그림도 그렸다. 이 책은 그림책인데 무척 길고 두껍다. 아이들은 각자의 구성 능력으로 동화 이야기를 친구들에게 들려주었다. 숨은그림찾기를 하면서 그림책을 읽다 보니 여러 권의 책을 읽은 듯하다. 책 속에 책이 있다.

다음으로 '그림 자세히 읽기' 모둠 활동을 하였다. 각 모둠에서 책을 읽고 난 후 각자가 해석한 그림을 나름대로 생각을 담아 정리하였다.

- 오빠가 늑대로 변장한 것과 동생의 옷장에 빨간 점퍼가 있는 것이 '빨간 모자' 이야기와 관련 있다.
- 작가는 동생의 상상을 무서운 나무로 표현하였다.

- 침대 주변에 펼쳐진 우주는 오빠가 꿈에 깊이 빠져있다는 것을 나타낸 것 같다.

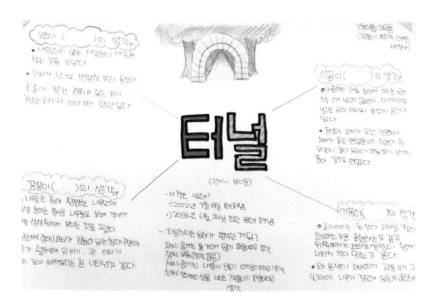

책을 읽고 난 후 주인공에게 편지를 쓰며 생각과 느낌을 정리해 보았다.

To. 로즈의 오빠에게

오빠와 로즈 사이는 나와 오빠랑 똑같아! 돌로 변했다가 다시 사람으로 변해서 정말 다행이야. 로즈한테 고마워해야 해. 왜냐하면 로즈가 안 왔으면 오빠는 영원히 돌이 되어 집에도 못 갔을 거야.

To. 로즈야!

넌 오빠가 돌로 변했을 때 슬픈 기분이었지? 터널에 들어갈 땐 무서웠지? 네가 겁이 조금 많지만 오빠를 구하러 간 건 감동이었어. 나도 오빠와 맨날 싸우지만 오빠를 구하러 간 네가 정말 좋아. 만약 나에게도 그런 일이 일어나면 나도 너처럼 그랬으면 좋겠다.

함께 읽으면 좋아요

이 책을 읽다 보면 앤서니 브라운의 『숲 속으로』가 떠오른다. 여기에도 숨은그림찾기와 옛날이야기가 있다. '그런데 어떤 책이 먼저 나왔어요?'라고 질문하는 아이가 있었다. 그래서 확인해보니 『터널』은 1989년에 『숲 속으로』는 2003년에 발표되었다. 그래서인지 몰라도 『숲 속으로』에 더 많은 동화가 들어있다. 그 책에선 10가지의 동화를 만날 수 있다.

『터널』과 『숲 속으로』는 앤서니 브라운의 작품 특징을 비교하기에 아주 좋다. 두 작품에서 숨은그림찾기, 옛날이야기 찾기 놀이를 하며 읽다 보면 어느새 따뜻한 가족 사랑을 느낄 수 있다. 또 그림 형제의 글에 앤서니 브라운이 그림을 그린 『헨젤과 그레텔』, 루이스 캐럴의 작품에 앤서니 브라운이 그림을 그린 『이상한 나라의 앨리스』의 그림에서도 작가의 특징을 찾아보는 재미가 있다.

👧 앤서니 브라운의 책 더 읽어 보기

『나의 상상 미술관』　　『숲 속으로』　　『이상한 나라의 앨리스』　　『헨젤과 그레텔』

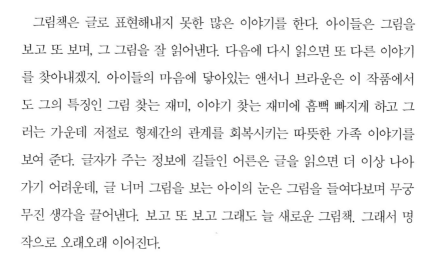

수업 소감

　그림책은 글로 표현해내지 못한 많은 이야기를 한다. 아이들은 그림을 보고 또 보며, 그 그림을 잘 읽어낸다. 다음에 다시 읽으면 또 다른 이야기를 찾아내겠지. 아이들의 마음에 닿아있는 앤서니 브라운은 이 작품에서도 그의 특징인 그림 찾는 재미, 이야기 찾는 재미에 흠뻑 빠지게 하고 그러는 가운데 저절로 형제간의 관계를 회복시키는 따뜻한 가족 이야기를 보여 준다. 글자가 주는 정보에 길들인 어른은 글을 읽으면 더 이상 나아가기 어려운데, 글 너머 그림을 보는 아이의 눈은 그림을 들여다보며 무궁무진 생각을 끌어낸다. 보고 또 보고 그래도 늘 새로운 그림책. 그래서 명작으로 오래오래 이어진다.

2

엄마와 선생님이 쓰는 반성문

『지각대장 존』 존 버닝햄 글·그림 / 박상희 옮김 / 비룡소

그림책 깊이 읽기

왜 아이들은 이 책에 열광할까?

엄청나게 큰 선생님 앞에 선 조그마한 아이, 책을 펼치면 어두운 화면에 무표정한 아이가 걸어가는 모습이 나타나고, '존 패트릭 노먼 맥헤너시는 학교에 가려고 집을 나섰습니다.'라는 아주 담담한 글로 시작한다. 글은

한 줄이지만 그림에서는 많은 이야기를 하고 있다. 하늘은 아직 캄캄하고 구불구불 한없이 멀기만 한 길, 아이는 일찌감치 집을 나섰지만 학교 가는 길이 까마득하고 두렵다.

책을 읽어 주는 데 '존 패트릭 노먼 맥헤너시'라는 아이의 이름을 부르다가 이 발음이 탁 걸린다. 길고 긴 아이의 이름, '존'이 아니고 이렇게 풀네임을 다 넣는 것은 죄수를 부를 때 쓰는 관례로, 선생님과 아이의 거리, 선생님의 권위를 나타내 주는 장면이라고 작가는 설명한다. 원제는 『John Patrick Norman McHennessy the boy who was always late』이다.

다음 장을 펼치면 그림이 환해지며 온 힘을 다해 악어와 씨름하는 아이가 있다. 하수구에서 불쑥 나와 책가방을 덥석 물어버린 악어, 그런데 이 장면을 자세히 보면, 환하게 밝은 배경에 아이의 표정 또한 환하다. 아이는 장갑 한 짝을 던져주고 악어에게서 책가방을 빼내 허겁지겁 학교로 달려간다.

그러나 다음 그림은 배경색도 없이 흑백의 교실에 검은 가운에 학사모를 쓰고 회초리까지 든 엄청난 권위의 선생님이 "존 패트릭 노먼 맥헤너시, 지각이로군. 장갑 하나는 어디에 두고 왔지?" 하며 불호령을 내린다.

아이는 사실대로 차근차근 설명했건만, 아이의 말을 들으려고도 믿으려고도 하지 않고 지각이라고 단정해 버리는 엄청나게 거대한 선생님은 대뜸,

"이 동네 하수구엔 악어 따위는 살지 않아! 넌 나중에 학교에 남아서 '악어가 나온다는 거짓말을 하지 않겠습니다. 또 장갑을 잃어버리지 않겠습니다.'를 300번 써야 한다 알겠지?"

선생님의 입은 상어처럼 무섭고 큰 반면 아이의 얼굴에는 입도 없다. 그 아이는 혼자 남아 반성문을 쓰고 있다. 아이는 '악어가 나온다는 거짓말을 하지 않겠습니다. 또 장갑을 잃어버리지 않겠습니다.'를 300번이나 썼다.

다음날, 설레며 학교 가는 길, 이번에는 덤불에서 사자 한 마리가 나와 바지를 물어뜯는다. 사자와 치열한 시간을 보내고 허겁지겁 또 학교로 가는 아이. 이번에도 역시 아이의 말을 믿어 주지 않는 선생님은 아이를 잡아먹을 듯 큰 입을 벌리고 호통치며 이번엔 400번 외치기를 벌로 준다. 그리고 아무도 없는 빈 교실 구석에 콕 처박혀 벌을 받고 있는 너무도 조그만 아이.

다음 날, 햇살 환하게 비치는 아침, 기대를 잔뜩 안고 학교 가는 길. 이번엔 아예 파도가 완전히 덮쳐 버린다. 아무리 야단을 쳐도, 무시해도, 언제나 새로운 호기심으로 놀이를 찾아 몰두하는 아이의 본능을 존 버닝햄은 너무나도 잘 안다. 어마어마한 파도에 휩쓸리며 자기만의 행복한 세계에 빠져 있다가 또 늦은 존은 엄청나게 크고 무서운 선생님으로부터,

"살다 살다 별소리를 다 듣겠다. 말도 안 되는 소리. 갇혀 봐야 정신을 차리겠군!" 하며 잠시를 가만히 있지 못하는 소년의 본능을 억누른 채, "이 안에서 꼼짝 말고 이렇게 500번 써라. '다시는 강에서 파도가 덮쳤다는 거짓말을 하지 않겠습니다. 그리고, 다시는 옷을 적시지도 않겠습니다." 그리고는 한 번만 더 지각했다간 회초리로 때리겠다고 윽박지른다.

벌은 점점 강도를 더해가고 문까지 굳게 닫힌 방, 물이 뚝뚝 떨어지는 젖은 옷을 입고 아이는 길고 긴 반성문을 500번이나 쓰고 있다. 교실 바닥에는 아이의 젖은 옷에서 떨어지는 물이 흥건하다.

그리고 다음 날 이제는 더 이상 학교 가는 길에 아무 일도 일어나지 않았고, 아이는 제시간에 학교에 갈 수 있었다. 학교 가는 길, 날마다 환하게 빛나던 길이 이제는 잿빛으로 변했다. 주변 일에 눈빛을 반짝이며 몰입하는 호기심 천국, 아이다운 행복한 꿈은 이제 다 사라져 버린 것이다.

그런데 사건은 교실에서 일어나고 말았다. 선생님이 그만 커다란 털복숭이 고릴라에게 붙들려 천장에 매달려서 존에게 도움을 요청하고 있다. 고

릴라에게서 자신을 구해 달라는 선생님은 그 상황에서도 지휘봉을 휘두르고 있다. 하지만 존은, "이 동네 천장에 커다란 털복숭이 고릴라 따위는 살지 않아요. 선생님." 하며 유유히 교실을 나가 버린다. 교실 천장에 매달려 애원하는 아주 왜소해진 선생님, 어찌해 볼 수 없었던 교사의 어마어마한 권위에 가볍게 한 방 날리는 조그만 소년의 뒷모습을 보며 아이의 말을 들어주고 믿어 주지 않는 선생님에 대해 아이와 함께 억울하고 답답해하던 독자는 일제히 통쾌한 박수를 보낸다.

다시 그림을 자세히 들여다보면 악어와 사자와 파도를 만났을 때는 화사한 그림이, 선생님을 만나는 공간은 배경도 없이 학사모까지 쓴 어마어마한 크기의 선생님이 압도하는 흑백화면으로, 아이의 마음을 색으로 대비하였다.

그리고 마지막으로 선생님께 아주 담담하게 말하고 가볍게 나가버리는 아이의 뒷모습. 선생님도 환상의 세계로 끌어들이는 것일까? 그래서 더 이상 아이를 걱정하지 않고 마음을 놓아도 되는 걸까? 아니면 아이의 환상은 이것으로 끝나버리고 어른의 세계로 진입을 암시하는 것일까? 마지막 여운을 남긴다.

무한 권위의 선생님 앞에 학교 가기 두려운 아이의 간절한 바람이 상상 속에서 악어와 사자와 파도를 만들어낸다. 이렇게 파도가 자신을 덮쳐 주기를 바라는 간절한 소망을 가진 아이를 들여다봐 주는 교사의 철학을 생각해 본다. 현실과 환상의 세계를 자유로이 넘나드는 전개에 아이들은 열광한다. 하지만 교사는 불편한 책, 이는 학교의 권위에 대한 두려움과 반발의 표현이며, 점점 커지는 선생님과 점점 작아지는 아이를 대비해 권위주의적인 학교현장을 고발한다.

학교 가는 길 아이의 모습을 살펴보자. 지나는 개미 한 마리를 쪼그리고 앉아 살피고 나뭇잎을 기어가는 달팽이에 넋을 놓고 바라보다가, 강아지를 만나 함께 한바탕 놀다 가는 환상의 시기에 있다. 진지하게 자신의 이야기를 하려 하지만 절대 들으려 하지 않는 선생님 앞에 아이는 작아질 수밖에 없다. 하지만 다음 날도 또 다음날도 아이의 환상 축제는 이어진다. 그것이 바로 아이의 본성이므로, 그래서 또 지각이다.

유난히 다정다감하고 상상력이 풍부한 둘째 딸이 어릴 적에 수시로 진지하게 이야기를 지어냈다. 하도 오래전 일이라 내용은 기억나지 않지만 그때 무식한 초보 엄마는 아이의 말을 무시하거나 "자꾸 거짓말하면 안 된다."며 윽박지르기도 했다. 그 일은 두고두고 미안하고 아픈 기억으로 남아 있다. 학교에서도 규칙을 따르기보다 자신의 소망을 담아 능청스럽게 이야기하는 아이를 보며 어릴 적부터 바르게 교육해야 한다는 신념으로 거짓말을 하지 못하도록 심하게 다루기도 했다. 뒤늦게 도덕성의 발달단계를 알게 되고 아이들이 환상과 현실을 넘나드는 시기에 있었음을 알고는 어찌나 부끄럽고 미안했던지 동화속 선생님을 보며 반성문을 쓴다.

3학년 아이들과 그림책을 함께 읽으며 선생님의 입장, 아이의 입장에서 생각하는 활동을 해보았다.

"존 너는 상상력이 풍부하구나. 그런데 이제 지각하지 않도록 하렴." 지혜롭게 상황을 표현하는 아이를 보며 뒤늦게 자신의 부끄러운 과거를 고백한다. 아이는 어른의 아버지인 것을.

어릴 때 환상 세계에 대한 상상을 충분히 키웠던 어린이는 어른이 되어 현실에 어려움을 겪어도 그것을 이겨나갈 힘이 있다고 믿는 작가, 아이들의 세계를 있는 그대로 이해하고 받아들이는 검피 아저씨 존 버닝햄은 언제나 아이의 눈높이에서 아이와 함께 그저 신나게 논다.

아이들을 배에 태워 아이들과 동물들 모두 신나서 배 안에 서 팔짝팔짝 축제를 벌이다 배가 뒤집혀 모두 흠뻑 젖었지만 전혀 개의치 않고 너털웃음으로 차를 마시면서 "잘 가거라. 다음에 또 배 타러 오렴." 하고 미소를 지어주는 『검피 아저씨의 뱃놀이』, 아이들과 신나게 차를 타고 즐기는 『검피 아저씨의 드라이브』는 아이들을 정말 신나게 한다. 또한 환경오염으로 건디기 어려운 모든 동물들을 기차에 함께 태우고 신나게 달리는 『야, 우리 기차에서 내려』, 선물을 하나 빠뜨려 깊은 밤 눈길을 찾아나서 온갖 어려움을 겪고 선물을 전해주는 산타할아버지의 『크리스마스 선물』 혼자 노는 아이가 안쓰러워 비밀 친구를 만들어 준 『알도』, 깃털 없이 장애로 태어난 기러기에게 추울까 봐 옷을 떠 입히고, 모두가 힘을 합해 런던의 큐가든까지 데려다주는 『깃털 없는 기러기 보르카』 등 따스한 시선으로 누구든 편하게 해주는 맘씨 좋은 할아버지, 존 버닝햄에게서 우리 모두는 큰 위로를 받는다. 전쟁을 반대하는 평화주의자로 어린 시절 대부분을 가족과 함께 주거용 트레일러에서 살았으며, 여러 곳을 다니며 생활을 했고 섬머힐을 다닌 것이 그에게 자유로운 영혼을 갖도록 했을 것이다.

읽기 전 활동

책을 읽기 전 책에 대한 사항을 하나하나 꼼꼼히 살펴 책에 대한 정보를 확인한다. 이 활동은 학생들이 도서관이나 서점에서 책을 고를 때 늘 이렇게 살피도록 익히는 것이다. 먼저 표지를 보고 떠오르는 느낌과 질문을 자유롭게 발표해 보도록 하였다.

- 제목을 보니 존이 지각했나 봐요.
- 선생님이 말하는 입이 너무 커요. 무서울 것 같아요.
- 아이에게서 물이 줄줄 흘러요. 물에 빠졌어요.
- 선생님이 아이보다 너무 커요.
- 검은 옷과 모자가 아이를 누르는 것 같아요.

그리고 뒤표지와 책에 대한 소개를 살펴보았다. 지은이와 번역한 사람 그리고 출판사를 보고 책이 몇 쇄를 찍었는지도 확인하였다. 오래오래 여러 번 인쇄한 책은 왜 그럴까를 생각해 보면서 이러한 정보도 책을 고르는 하나의 기준이 될 수도 있음을 알려주었다.

책 소개하는 글을 보면서 아이들은 "학교 가는 길에 생각지 않았던 일이 벌어져 자꾸만 지각해요. 그런데 선생님은 아이의 말을 믿지 않네요." "그런데 선생님이 도와달라고 해요." "재미있을 것 같아요."라고 발표한다. 면지를 보면서는 "아이가 쓴 글씨가 한가득이네요. 아이는 힘들었겠어요. 불쌍해요. 뒷면지에도 가득 있어요." 등 아이에 대해 안쓰러워하였다. 이러한 느낌을 갖고 책 읽기를 시작하였다.

책 읽어 주기

이 책은 어렸을 적에 읽어 본 아이들이 많겠지만 이번 수업시간에는 그림과 글을 자세히 살펴보며 궁금한 것을 서로 나누어 보는 시간을 갖도록 하였다.

'존 패트릭 노먼 맥헤너시는 학교에 가려고 집을 나섰습니다.'

책을 펼쳐 읽어 준다.

"존은 학교 가는 길이 행복할까요?"

- 화면이 어두워요. 학교 가기 싫은가 봐요.

"선생님은 왜 존에게 '존 패트릭 노먼 맥헤너시'라고 불렀을까요?"

- '존 패트릭 노먼 맥헤너시'라고 부르니 화가 난 것 같아요. 엄마도 나 야단칠
  때 "김진수!" 이렇게 불러요.

 ## 역할 정하여 읽기

존과 선생님의 입장에서 느낌을 살려 읽어 보도록 하였다. 그리고 역할
을 바꾸어 읽어 본 후 그 느낌을 발표해 보았다.

- 존의 말을 읽을 때 선생님이 너무 무서웠다.
- 학교에서 도망가고 싶었다.
- 혼자 남아서 벌을 설 때는 무서울 것 같다.
- 선생님의 말을 읽을 때는 존에게 미안했다.
- 매일 지각하는 존에게 내일은 일찍 오라고 더 좋은 말을 해주고 싶다.
- "이 동네 천장에 커다란 털복숭이 고릴라 따위는 살지 않아요. 선생님." 할
  때는 무척 통쾌했다.

역할을 나누어 읽을 때 아이들은 등장인물에 몰입한다. 마치 나에게 그 일이 일어난 것처럼 상황에 어울리는 목소리와 표정과 몸짓으로 실감나게 읽어낸다. 소리 내어 읽기의 효과이다. 그리고 주인공의 입장이 되어 질문에 대답하는 핫시팅의 방법도 아이들의 마음을 잘 표현할 수 있었다.

 ## 책 읽은 후 질문 주고받기

학생들은 질문하는 활동을 통해 책의 내용을 파악하고 다양한 생각을 끌어낸다. 이때 질문에 대한 답을 찾기보다는 서로의 생각을 나누는 데 초점을 둔다. 학생들이 끌어낸 질문을 모아 보았다.

- 지각대장 존은 작가 존 버닝햄인가?
- 왜 학교 가는 길에 악어, 사자, 파도가 나타났을까?
- 그리고 왜 존을 공격했을까?
- 고릴라는 선생님을 왜 잡았을까?
- 선생님은 왜 이렇게 클까?
- 왜 선생님은 판사 옷을 입고 있을까?
- 왜 이렇게 코가 길까?
- 선생님은 왜 존을 안 믿어 줄까?
- 선생님이 벌만 줄 때 존은 어떤 기분일까?
- 선생님은 고릴라에게 잡혀 어떻게 되었을까?
- 선생님은 왜 말을 들어주지 않을까?

각자의 질문을 쓴 종이를 들고 짝 토론을 하며 생각을 주고받고 또 다른 사람을 만나 생각을 확인하는 시간을 가졌다. 다양한 의견 나눔이 다른 사람의 이해로 이어진다.

 작가 이야기

"존 버닝햄 작품 중에서 읽어 본 것을 발표해 볼까요?"

"『깃털 없는 기러기 보르카』, 장애를 가진 기러기를 모두가 함께 돌봐주는 따뜻한 이야기예요."

"그 책은 1963년에 '케이트 그린어웨이 상'을 받았어요. 그 상은 영국의 도서관 협회가 뽑은 그해의 최고 그림책에 주는 상이지요."

"『검피 아저씨의 뱃놀이』, 아저씨가 친절해요. 아이들과 잘 놀아요."

"그 책은 1970년에 '케이트 그린어웨이 상'을 받았어요. 『검피 아저씨의 드라이브』도 있어요. 검피 아저씨가 존 버닝햄 같죠?"

아이들은 『우리 할아버지』, 『야, 우리 기차에서 내려』, 『장바구니』, 『구름나라』, 『알도』, 『크리스마스 선물』, 『마법침대』, 『내 친구 커트니』 등의 책들을 많이도 알고 있었다. 이 작품의 주인공으로는 대개 착하고 마음씨 좋은 아저씨들이 등장한다고 하였다. 현실이 아닌 환상적인 이야기도 많아 읽으면 마음이 편안해지고 왠지 아이들을 이해해 주는 친근한 사람으로 작가를 기억하고 있었다.

"존 버닝햄은 어릴 적에 몇 년간 온 가족이 캠핑카를 타고 여기저기 떠돌아다니며 살았어요. 학교도 섬머힐이라고 아주 자유로운 학교에 다녔어요. 전쟁을 싫어해서 군대에 안 가고 대신 사회봉사 활동을 했어요. 여러 나라를 다니며 산림 보호, 집짓기 활동도 하고 어려운 사람도 돌봐주고, 생각이 자유롭지요. 모든 작품에 아이들의 모습을 있는 그대로 믿어 주고 사랑해 주는 마음이 나타나지요. 그래서 우리는 존 버닝햄의 그림책에서 편안함과 위로를 느끼게 되지요. 그리고 『곰사냥을 떠나자』에 그림을 그린 헬렌 옥슨버리와 부부 작가예요."

 ## 아이들의 다양한 생각

존과 선생님에 대해 어떻게 생각하는지 아이들의 마음을 들여다보았다.

- 주인공과 작가의 이름이 똑같다. 자기 이야기인가?
- 존이 악어, 사자, 파도 때문에 지각한다는 게 정말 웃기고 재미있다.
- 존이 거짓말하는 게 아니라는 걸 선생님이 알아주면 좋겠다.
- 존이 선생님께 꾸중을 듣는 걸 보니 참 마음이 아프다.
- 선생님은 악어같이 생겼다. 눈도 터질 듯이 크다.
- 선생님은 화가 많이 나고 존을 싫어하는 표정이다.
- 왜 악어와 사자와 파도가 나타나는지 알 것 같다.
- 선생님이 너무 무섭다.
- 500번 쓰라고 소리칠 때 너무너무 무서웠다.
- 선생님이 괴물같다.
- 선생님이 너무 커서 3미터는 되는 것 같다.

- 존이 너무 불쌍하다.

- 존이 만난 이상한 것들은 다 존이 상상한 것인가 보다.

- 학교에 가기 싫어서 지각했다.

- 난 누군가의 말을 잘 들어줘야겠다.

- 존의 얼굴에 입이 없는 것 같다.

- 선생님의 입은 100개나 되는 것 같다.

- 나는 펄쩍 뛰는 선생님을 한 번도 본 적이 없다.

- 선생님이 털복숭이 고릴라에게 잡혀서 존에게 도와달라고 하는 게 어이없다.

- 선생님이 고릴라한테 잡혔을 때 너무 통쾌했다.

- 존의 말을 무시하다가 고릴라한테 잡히니까 통쾌하고 고소하다.

- 선생님이 "존 지각했구나."라고 부드럽게 말하면 존도 다시는 지각을 안 했을 것 같은데 선생님이 화를 내면서 "'존 패트릭 노먼 맥헤너시' 또 지각했구나!"라고 하니까 더 지각하고 싶어질 것 같다.

- 파도가 덮치고 악어가 가방을 물고 사자가 오고 이러는데 존은 행복해하고 있다. 이상하다.

만약 내가 존이라면 어떻게 하고 싶은지도 발표해 보았다.

- 선생님한테 소리치고 싶을 것이다.

- 학교에서 도망치고 싶다.

- 부모님께 이를 것이다.

- 선생님한테 다시는 '소리치지 않겠습니다'를 만 번 쓰라고 할 것 같다.

- 선생님의 주머니에 폭탄을 넣고 싶다.

- 선생님을 우주왕복선에 태워버리고 싶다.

- 고릴라한테 선생님을 잡아먹으라고 하고 싶다.

- 존은 선생님이 당했을 때 통쾌했을 것 같다.
- '남에게 대접받으려면 내가 먼저 대접해야 한다.'라는 속담이 있는데 그건 이럴 때 쓰는 것 같다.

아이들은 자신들의 마음을 이해하지 못하는 어른들에 대해 많이 속상하고 답답해하였다. 어른들이 아이들의 마음을 잘 이해해 주지 않고 믿어 주지 않는 것에 대해 존을 빌어 자신의 심정을 하나씩 하나씩 풀어놓았다.

그리고 내가 선생님이라면 존에게 어떻게 할 것인지도 이야기를 나누어 보았다.

- '존, 왜 그랬니?' 하고 말할 기회를 주고 싶다.
- 존, 사람은 누구나 한 번씩 실수한단다, 다음부터는 조심해야지.
- 장갑을 잃어버리지 않도록 조심해.
- 친절하게 다음부터는 지각하지 말라고 말할 것이다.
- 존은 진실이라고 말하는데 선생님은 거짓말이라고 한다. 선생님은 의심이 많은 것 같다.
- "괜찮아."라고 말하고 다음부터 지각하지 말라고 한다. 그리고 "장갑은 내가 줄게. 다음부터는 그러지 마."라고 부드럽게 말할 것이다.
- 영국 선생님도 소리 지르고 펄쩍펄쩍 뛰나요?
- 존과 상담을 할 것이다.
- 존에게 말할 기회를 주겠어요.
- "넌 참 상상력이 풍부하구나!"라고 말해주겠다.
- 너의 상상력은 Good!
- 널 이해지만 그런 실수를 반복하지 않는 게 좋아.

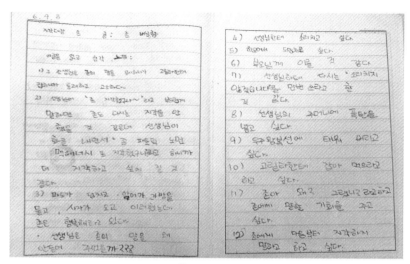

아이들의 다양한 생각

 함께 읽으면 좋아요

존 버닝햄의 『에드와르도 세상에서 가장 못된 아이』는 사랑과 신뢰를 받으며 자라는 아이가 자신을 존중하는 자존감이 생긴다는 신념으로 쓴 책이고, 하인츠 야니쉬의 『내 말 좀 들어주세요, 제발』은 아이가 말을 하려고 하는데 아무도 듣지 않고 자기네 마음대로 판단하여 아이가 원하는 게 무엇인지 알지 못하고 답답해진 아이의 속상함과 절망을 보여 주는 소통 문제를 다룬 그림책이다.

현실과 환상의 세계를 넘나드는 이야기로 존 버닝햄의 『장바구니』, 『야, 우리 기차에서 내려!』, 모리스 샌닥의 『괴물들이 사는 나라』 등이 있다. 존 버닝햄이 쓴 『나의 그림책 이야기』는 그의 작품을 이해하는 데 참고가 되는 책이다.

수업 소감

　책을 읽어 주면 엄청나게 몰입한다. 워낙 유명한 작품이어서 재미없어할까 했는데 기우였다. 버닝햄의 다양한 작품을 읽은 아이들이 있어서 작가의 분위기를 찾아낼 수 있었다. 그리고 아이들은 어른보다 훨씬 그림 읽기를 잘한다. 세밀한 부분까지 들여다보며 이야기를 끌어낸다.

　이해할 수 없는 선생님에 대한 분노와 미움은 대단했고 아이들 나름으로 선생님을 응징하고 있었다. 여기에 옮길 수 없는 더 심하고 과격한 말도 나왔다. 평소에 매우 진지하고 순한 아이들이었는데 내면을 솔직하게 토로하는 것을 보며 놀라웠다. 교사로서 아이들을 어떻게 대해야 할지 많은 생각을 하게 하였다.

1학년과 이 책을 읽었을 때는 보이는 그대로 선생님이 싫다고 말했고, 마지막에 통쾌하게 박수를 보냈다. 3학년 아이들과는 자세히 보고, 질문하고, 토론하고 마지막 느낌 쓰기까지 그림책 깊이 읽기를 하여 다양한 생각들을 모아 보았다.

6학년과도 이 책으로 수업해 보았다. 그림에서 발견한 사실들을 발표하며, 그림책에 담긴 그림의 깊은 의미에 대해 놀라움을 표현하였다. 그림책은 이해의 폭이 매우 넓다. 자신의 성장만큼, 깊이만큼 받아들임을 확인하였다. 그리고 아이들은 나중에 또다시 이 그림책을 찾아 읽어 볼 것이라고 하였다. 그림책의 독자는 1세부터 100세까지라는 말에 공감한다.

3

슬프도록 맑고 아름다운 작가 권정생

『엄마 까투리』 권정생 글 / 김세현 그림 / 낮은산

작품과 작가 탐구

"까투리 이야기 써 보았습니다. 좋은 그림책이 되었으면 좋겠습니다. 2005년 3월 5일."

권정생 선생님이 이 책의 원고를 출판사로 보낸 지 삼 년의 세월이 흐른 뒤 김세현 선생님의 그림으로 그림책이 출간된 것은 2008년 5월 10일. 선생님은 이 책의 완성을 보지 못하고 안타깝게도 2007년 5월 '어머니 사시는 그 나라'로 돌아가시고 말았다. 이 작품은 권정생 선생님이 남긴 마지막 그림책이 되었다.

선생님은 자신의 시집 『어머니 사시는 그 나라에는』(지식산업사, 1998)을 '엄마 보고 싶을 때 꺼내 읽는 책'이라고 말하기도 했다. 이 작품은 그가 극도의 고통 속에서 쓴 이야기다. 스무 살부터 몸에 지닌 병은 견딜 수 없는 아픔으로 평생을 짓누르고 그 아픔 속에 늘 떠오르는 건 어머니였을 것이다. 2005년 어느 날 그는 유언장을 쓰기도 했다.

봄이 한창인 날 큰 산불이 났다. 그 큰 산불 속에서 허둥지둥 몸을 피하는 들짐승과 날짐승들. 하지만 갓 태어난 꿩병아리 아홉 마리를 돌보던 까투리는 자기도 모르게 불길을 피해 날아올랐다가 다시 돌아와 새끼를 살피고 무서운 불길에 본능적으로 또 날아오르다가 결국 피하지 못하는 새끼들을 품에 꼭꼭 끌어안고 재가 된다. 그러나, 타 죽은 엄마 품속에서 새끼들은 솜털 하나 다치지 않고 모두 살아남는다. 그 새끼들은 열흘이 지나고 한 달이 지나도록 밤이면 엄마 냄새가 남아 있는 그곳에 함께 모여 보듬고 잠이 든다. 그렇게 엄마 까투리는 온몸이 무너져 주저앉을 때까지 새끼들을 지켜준, 선생님 말씀대로 어머니의 사랑이 어떻다는 것을 일깨워주기에 충분한 동화, 엄마가 그리울 때 늘 펼쳐보는 그림책이다.

그렇게 엄마 까투리는 새끼들을 품고 꼼짝 않았습니다.

눈을 꼭 감고 꼼짝 않았습니다.

불길이 기어코 엄마 몸에 붙었습니다.

머리와 등과 날개가

한꺼번에 타기 시작했습니다.

엄마 까투리는 그래도
꼼짝 않았습니다.

오히려 품속 아기들을 위해
두 날개를 꼭꼭 오므리고
꼼짝 않았습니다.
그러고는 정신을 잃었습니다.

2017년 5월 17일은 권정생 선생님 돌아가신 지 10년이 되는 날이다. 선생님의 삶은 그대로 한 편의 슬프고 아름다운 동화이다. 우리에게『몽실언니』,『강아지똥』으로 널리 알려진 권정생 동화는 수십 편이나 된다. 지독한 어려움과 슬픔에서 빚은 작품『강아지똥』. "내가 거름이 되어 별처럼 고운 꽃이 피어난다면 온몸을 녹여 네 살이 될게." 아픈 삶에서 아름다운 작품을 빚어 올린 그래서 더 안타까운 권정생 작가이다.

1학년부터 6학년까지 권정생 동화는 매 학년에 소개하여 함께 읽고 있다. 저학년에서는 전래 이야기를 바탕으로 쓴『훨훨 간다』,『길아저씨 손아저씨』를 그림책으로 읽고, 중학년에서는『하느님의 눈물』과 그림책으로 만들기 위해 짧게 줄인 작품이 아닌 원래 발표한 작품『강아지똥』으로 문장 하나하나를 꼼꼼히 읽는 밑줄 독서를 한다. 고학년에서는『몽실언니』와『점득이네』를 읽으며 매 학년 아이들과 동화보다 더 슬프고 아름다운 작가의 삶을 들여다본다.

권정생 작가에 대해 알아보는 것이 그의 작품을 이해하는 데 도움이 되기에 홈페이지를 함께 보며 작가에 대해 살펴본다. 일제 강점기에 일본에서 태어나서 가족도 뿔뿔이 흩어져 살았고 지독하게 가난해서 청소 일을 하시는 아버지가 주워온 이솝 우화, 그림동화 등의 책을 읽으며 자랐다. 6·25 전쟁을 겪으며 학교도 제대로 다니기 어려웠으며 교회 문간방에 살며 새벽마다 교회 종을 치면서 무척 가난하고 검소하게 살았다. 권정생은 스물일곱 살 때 돌아가신 엄마를 평생 그리워하였다. 50년을 아픈 몸으로 살아가며 세상 모든 생명에 대한 사랑으로 생쥐도 강아지도 모두 한방에서 함께 추운 겨울을 지내며 아름다운 동화를 쓰셨다. 병원도 안 가고 옷도 한 벌만 가지고 자신을 위해서는 한 푼이라도 아끼신 선생님은 많은 돈을 모두 아이들을 위해 써달라고 특히 어려운 아프리카와 북한의 어린이도 도와달라고 2005년 목사님, 신부님, 변호사에게 유언장을 쓰셨다. 홈페이지에 있는 유언장을 함께 읽으며 작가를 생각한다.

하느님께 기도해 주세요

제발 이 세상 너무도 아름다운 세상에

사람이 사람을 죽이는 일은 없게 해 달라고요

제 예금통장 다 정리되면

나머지는 북측 굶주리는 아이들에게 보내주세요

제발 그만 싸우고 그만 미워하고

따뜻하게 통일이 되어 함께 살도록 해 주십시오

중동 아프리카 그리고 티벳 아이들은

앞으로 어떻게 하지요

기도 많이 해 주세요

안녕히 계세요

2007년 3월 31일

이렇게 쓰시고 그해 5월에 돌아가셨다.

사진 한 장을 보여 주며 권정생 선생님에 대한 이야기를 시작하였다.

"이 사진은 무엇일까요?"

- 플라스틱 통이요.

"어디에 쓰는 물건인가요?"

- 물도 담고 쓰레기도 담고 하는 데요.

"그런데 이건 권정생 선생님의 옷장이에요. 아주 조그만 집에서 사셨는
데 방에는 옷을 둘 곳이 없어서 이렇게 마당에 두고 옷을 넣어 두셨어요.
늘 낡은 옷에 검정 고무신으로 아주 검소하게 사셨어요."

다음은 권정생 선생님 집과 방 안의 모습이 담긴 사진을 보며 작가의 삶
에 대해 생각해 보는 시간을 가졌다.

아이들은 권정생 선생님은 무척이나 소박하게 사신 분이며 방안에 필요한 것만 두시고 동화 쓰기에 온 삶을 바친 분이라고 이야기하였다.

'권정생어린이문화재단' 홈페이지를 아이들에게 직접 보여 주며 선생님이 쓰신 60여 편의 작품들, 유언장 등을 같이 살펴보는 것도 작가의 삶을 이해하는 데 많은 도움이 될 듯하다.

유언장의 일부를 살펴본다.

유언장

내가 죽은 뒤에 다음 세 사람에게 부탁하노라.

1. 최완택 목사 민들레교회
이 사람은 술을 마시고 돼지 죽통에 오줌을 눈 적은 있지만 심성이 착한 사람이다.

2. 정호경 신부 봉화군 명호면 비나리
이 사람은 잔소리가 심하지만 신부이고 정직하기 때문에 믿을 만하다.

3. 박연철 변호사
이 사람은 민주 변호사로 알려졌지만 어려운 사람과 함께 살려고 애쓰는 보통 사람이다.
우리 집에도 두세 번쯤 다녀갔다.
나는 대접 한 번 못했다.

위 세 사람은 내가 쓴 모든 저작물을 함께 잘 관리해 주기를 바란다. 내가 쓴 모든 책은 주로 어린이들이 사서 읽는 것이니 먹기서 나오는 인세를 어린이에게 되돌려 주는 것이 마땅할 것이다.

만약에 관리하기 귀찮으면 한겨레신문사에서 하고 있는 남북 어린이 어깨동무에 맡기면 된다. 맡겨 놓고 뒤에서 보살펴 주면 될 것이다.

유언장이란 것은 아주 훌륭한 사람만 쓰는 줄 알았는데 나 같은 사람도 이렇게 유언을 한다는 게 쑥스럽다.

앞으로 언제 죽을지는 모르지만 좀 낭만적으로 죽었으면 좋겠다. 하나님 나라 가기 전에 우리 집 개가 죽었을 때처럼 혼자 힘껏 힘껏 기다가 숨이 꼴깍 넘어가겠지. 눈은 감은 듯 뜬 듯하고 있는 멍청하게 반쯤 벌리고 바로 깊이 죽을 것이다. 요즘 와서 하루 잘 보내는 건 보니 천사처럼 죽는 것을 골랐다고 본다.

그러니 숨이 지는 대로 '화장'을 해서 여기 저기 뿌려 죽기 바란다.

유언장치고는 형식도 제대로 못 갖추고 횡설수설 좀 지만 이건 나 권정생이 산 것이 분명하다.

죽으면 아픈 것도 슬픈 것도 외로운 것도 ...

> 끝이다. 웃는 것도 화내는 것도, 그러니
> 홀가분하게 죽겠다.
> 만약에 죽은 뒤 다시 환생을 할 수 있
> 다면 건강한 남자로 태어나고 싶다.
> 태어나서 25살 때 22살이나 23살
> 쯤 되는 아가씨와 연애를 하고 싶다.
> 결혼 먼저 않고 죽 할 것이다.
> 하지만 아직 환생했을 때도 세상엔
> 멀쩡이 같은 폭군 지도자가 있는데 고
> 어쩌면 전쟁을 할지 모른다. 그렇다
> 면 환생을 생각해 봐서 그만 둘 수도
> 있다.
> 2005년 5월 10일
> 쓴 사람 권 정 생 ⬛
> 주민등록 번호 370818-1775018
> 주소 경북 안동시 일직면 조탑리 7

"홈페이지에 나오는 빌뱅이 언덕
은 선생님 사시던 집 뒤 언덕인데
요. 선생님 소원대로 선생님 돌아
가시고 유해를 이 언덕에 뿌렸어
요. 선생님이 남기신 원고료로 아
이들을 위한 활동들을 하는데 모
든 활동들은 이 어린이문화재단에
서 해요. 자신을 위해서는 한 푼도
안 쓰시고 평생을 가난하게 사셨지
만 돌아가실 때 남기신 돈이 10억
원이 넘었어요."

아이들은 권정생 선생님의 삶을 통해 그분이 소중히 여기는 것이 무엇인
지 생각해 보는 시간이 되었다.

"권정생 선생님 작품 읽은 것을 발표해 볼까요?"

- 국어책에 나온 『강아지똥』, 『황소 아저씨』 읽었어요.
- 『혈혈 간다』, 『길아저씨 손아저씨』, 『오소리네 집 꽃밭』은 선생님과 함께 읽
  었어요.

"이 작품들은 어떤 느낌이었어요?"

- 사랑하고 배려하는 이야기예요. 『강아지똥』도 『황소아저씨』도 『오소리네 집
  꽃밭』도요.

- 『길아저씨 손아저씨』는 서로 돕는 이야기예요.
- 『훨훨 간다』에 나오는 할아버지도 착해요. 이야기가 결국은 도둑도 몰아냈잖아요. 재미있어요.
- 주인공이 모두 권정생 선생님 같아요. 사랑하는 마음이 가득해요.

책의 내용이 작가의 삶인 것을 아이들은 안다. 결국 글이 그 사람이 삶인 것이다. 다음은 『엄마 까투리』를 통해 권정생 선생님이 우리에게 하고 싶은 말이 무엇인지 알아보도록 하며 책을 펼쳤다.

책 읽기 전 질문 나누기

먼저 책 읽기 전 표지를 보고 이야기를 나누어 보았다.

- 엄마 등에 9마리의 새가 있어요.
- 엄마가 힘들겠어요.
- 까투리가 어떤 새예요?
- 엄마의 사랑으로 살아난 것 같아요.

"속표지에 선생님의 편지가 있네요. 2005년에 쓰셨네요. 어머니의 사랑에 대해 쓰셨어요. 작가가 스물일곱 살 젊을 때 엄마가 돌아가셔서 엄마를 많이 그리워하셨어요. 그리고 선생님은 2007년에 엄마가 계신 하늘로 돌아가셨어요." 아이들은 벌써 마음이 울컥해진다고 하였다. 나이가 많으신 분도 엄마를 그리워한다니 더 슬퍼진다고 하였다. 그리고 내용이 왠지 슬플 것 같다는 이야기도 하였다.

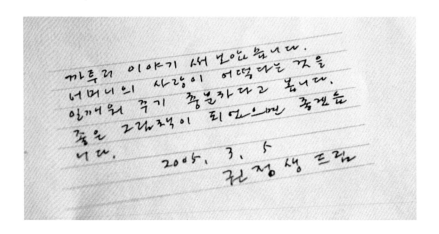

책 꼼꼼히 읽기

그림책을 보여 주며 차분한 목소리로 읽어 주었다. 중간중간 어려운 낱말을 확인하며 읽어 갔다.

"까투리는 꿩의 암컷이에요. 수컷은 장끼라고 해요. 다복솔은 가지가 소복하게 많이 퍼진 어린 소나무를 말합니다." 선생님과 함께 읽기의 좋은 점은 읽어 가며 내용을 이해할 수 있기에 전체적인 내용 파악이 더욱 쉬워진다는 것이다. 그림책을 읽다 보면 아이들은 읽는 도중에 물어볼 때가 있다. 선생님이 바로 답할 수도 있지만, 아이들에게 질문을 되묻는 방법으로 진행하면 아이들이 묻고 아이들이 답하게 된다.

책을 읽어 준 후 질문 나누기로 책의 전체적인 내용에 대해 알아보았다. 또한 그림을 보고 느낌에 대한 이야기도 나누어 보았다.

- 산이 모두 불타는 그림이 너무 무서웠어요.
- '바람은 점점 거세어지면서 불길이 자꾸자꾸 가까워졌습니다.' 정말 무서워요. 뉴스에서 본 산불이 생각났어요.

그림을 보면서 아이들은 많은 상상을 한다. 그래서 그 상황을 더욱 실감나게 표현하는 듯하다.

다음 글을 읽고 엄마 까투리와 꿩병아리가 되어 생각을 나누어 보았다.

새끼들은 엄마 품속에 숨으니까
뜨겁지 않았습니다.
무섭지도 않았습니다.
그렇게 엄마 까투리는 새끼들을 품고 꼼짝 않았습니다.
눈을 꼭 감고 꼼짝 않았습니다.

사나운 불길이 엄마 까투리를 휩쌌습니다.

엄마 까투리는 그래도 꼼짝 않았습니다.

뜨거워서 뜨거워서 달아나고 싶어도

꼼짝 않았습니다.

- 엄마는 얼마나 뜨거웠을까요?
- 엄마가 꼼짝 않고 있는 힘은 무엇일까요?
- 나라면 어떻게 할까요?
- 엄마라는 존재는 무엇일까요?
- 작가 권정생과 엄마 까투리를 비교해볼까요?

친구들의 질문을 서로 비교해보고 짝과 함께 이야기 나눠보고 싶은 질
문을 정하여 자유롭게 생각을 나누어 보도록 하였다. '엄마의 존재는 무엇
일까요?'라는 질문이 수업 후에도 계속 마음속에 남아 있었다.

책을 읽고 난 후

아이들은 기억나는 문장을 모둠 친구들에게 돌아가며 발표하였다.

- 갑자기 불길이 엄마 까투리를 덮쳤습니다. 엄마 까투리는 저도 모르게 그만
  푸드득 날아올랐습니다.

- 아무래도 새끼들을 두고는 혼자 달아나지 못했습니다.
- 엄마 까투리는 두 날개 안에 새끼들을 꼬옥 보듬어 안았습니다.
- 새까맣게 탄 엄마 품속에서 새끼들은 솜털 하나 다치지 않고 모두 살아있었던 것입니다.

아이들은 목숨을 내놓으면서까지도 자식을 지키고 싶어 하는 엄마의 사랑을 느끼는 순간이 가장 마음속에 강하게 남아 있었던 것 같다. 조용하고 차분한 분위기 속에서 이야기를 두런두런 나누는 아이들의 마음속에 어떤 생각들이 떠올랐을지 짐작할 수 있었다.

- 꿩병아리를 정말 사랑하는 것 같아요.
- 엄마 까투리는 무척 용감해요.
- 아기들을 사랑하기 때문에 용기가 생긴 것 같아요.
- 우리 엄마 생각이 났어요.
- 엄마가 우리를 사랑하시는 걸 알게 되었어요.

만약 내가 엄마 까투리라면 어떻게 했을지도 생각해 보았다.

- 무서워서 불 속에 뛰어들지 못했을 거예요.
- 혼자 도망쳤을 것 같아요.
- 등에 업고 날아요.
- 두 마리씩 옮겨 올 거예요.
- 묶어서 낙하산에 매달아요.
- 땅을 파고 굴속으로 들어가요.

아이들의 생각은 다양했고 엄마가 죽은 것이 못내 아쉬웠던지 나름대로 살 방법들을 찾아내었다. 그리고 "꿩병아리들은 왜 엄마도 없는데 저녁마다 엄마의 둥지에 모여들었을까요?"라는 질문에는 추억에 대한 이야기를 하였다.

- 엄마의 기억을 찾고 싶어서요.
- 엄마 냄새를 맡으려고 그랬어요.
- 엄마와의 추억을 생각하려고요.

'엄마' 하면 떠오르는 말은 무엇인지에 대해 이야기를 나눈 후 『엄마 까투리』의 줄거리와 느낌을 편지로 엄마에게 표현해보았다.

이런저런 이야기가 오고 가는 가운데 기억에 남는 소중한 존재에 대해 생각해 보았다.

- 내가 기억하고 싶은 사람은 누구인가요?
- 나는 사람들이 어떤 사람으로 기억할까요?
- 사람들의 기억에 남기 위해 어떻게 살면 좋을까요?

주변 사람들에게 나는 어떤 사람으로 기억되고 싶은지에 대한 생각이 나의 지금의 삶을 다짐하게 한다. '아름답고 보람된 삶을 살기 위해 난 어떻게 살아야 할까?'에 대해 생각해 보는 시간이었다.

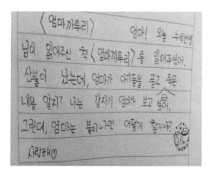

〈엄마까투리〉
엄마! 오늘 수업선생
님이 읽어주신 책〈엄마까투리〉를 읽어주셨어.
산불이 났는데, 엄마가 애기들을 품고 죽은
내용 알지? 나는 갑자기 엄마가 보고 싶어.
그런데, 엄마는 불이나면 어떻게 할거야?
사랑해♡

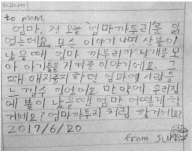

to mom.
엄마, 전 오늘 엄마까투리를 읽
었는데요, 무슨 이야기냐면 산불이
났을때 엄마 까투리가 날개를 모
아 아기를 지켜준 이야기에요. 그
때 애지중지하던 엄마에 사랑을
느낄수 있었어요. 만약에 우리집
에 불이 났을땐 엄마 어떻게할
거에요? 엄마까투리 처럼 할거에요?
2017/6/20
from SUN

(16) 〈2-1〉
6월 20일 화요일
권정생 선생님
〈강아지똥〉〈황소아저씨〉〈길아저씨는〉
〈철철 간다〉〈엄마까투리〉

〈엄마까투리〉 느낌
•생명보다 새끼들이 소중하다
•정말 용감하다
•용기는 사랑에서 나온다
•나라면 새끼를 태워 날 았다.
•나라면 어디인가른 숨었을 것이다
•엄마는 우리를 사랑한다.
•나라면 비행기를 태운다
•우리 엄마가 좋다
•엄마 생각났다
•엄마는 착하다
•엄마가 가장 좋다

작가를 찾아서

　가족 여행으로 안동의 '권정생 동화나라'에 가서 선생님의 자취를 느껴
보는 것은 어떨까? 경상북도 안동에 가면 권정생 선생님 사시던 생가가 있
고, 조금 떨어진 곳에 옛날 학교였던 곳을 '권정생 동화나라'로 만들어 선
생님의 작품이나 사진 그리고 영상을 볼 수 있다.

문패도 문 위에 볼펜으로 썼다

책으로 가득 차 있는 선생님 방

권정생 작가에게

　권정생 작가님, 권정생 작가님은 지금 많은 사람들에게 존경을 받고 있어요. 그 이유가 무엇인지 아세요? 동화를 잘 쓴다는 것? 아니에요. 권정생 작가님의 따뜻한 마음씨 때문일거예요. 권정생 작가님께서는 가난한 가정에서 태어나 돌아가실 때까지 가난했어요. 하지만 권정생 작가님은 계속 아름다운 이야기를 쓰며 더 가난하고 빈곤한 사람들을 걱정했어요. 저는 제가 힘들 때마다 권정생 작가님을 생각하고 본받으려 노력할 거예요. 그럼 안녕히 계세요!

　　2014. 6. 9. 주서현 올림

전차 정거장에서 추위에 떨며 한없이 엄마를 기다리는 아이의 모습을 그린 1930년대 이태준이 쓴 동화에 그림 작가 김동성이 그린 『엄마 마중』. 아플 땐 아파서, 슬플 땐 슬퍼서, 기쁠 땐 기뻐서 제일 먼저 생각나는 그리운 엄마. 엄마를 잃은 슬픔을 솔직하게 표현한 『보고싶은 엄마』. 갑자기 돌아가신 엄마를 그리워하며 마음에서 놓지 못하는 아이의 그리움을 담은 『무릎 딱지』 등도 엄마를 생각하며 함께 보면 좋은 책이다.

『엄마 마중』

『보고싶은 엄마』

『무릎딱지』

2017년은 『강아지똥』으로 익숙한 작가 권정생 선생님 돌아가신 지 10년이 되는 해이다. 삶이 그대로 한 편의 슬프고 아름다운 동화를 쓴 작가에 대해 알아보고 작품을 읽었다. 선생님은 추위에 떠는 쥐를 이불 속에 넣고 함께 겨울을 나는 『황소 아저씨』로, 모두가 무시하고 외면하는 하찮은 존재이지만 자신이 잘게 부서져 가장 아름다운 민들레꽃을 피워내는 『강아지똥』으로, 이 세상 모든 생명에 대한 사랑으로 풀잎 하나도 따 먹지 못하고 『하느님도 눈물』을 흘리게 하는 존재로, 자신이 가진 모든 것을 아이들을 위해 두고 가신 선생님의 사랑은 그대로 『엄마 까투리』가 되었다.

아이들은 읽는 내내 안타까워하며 자신의 생명보다 새끼를 더 사랑한 엄마의 마음을 느꼈고 그것은 대단한 용기라고 했다. 그리고 아이들을 죽지 않고 살게 할 수 있는 방법을 많이 생각하였다. 등에 태워 날아가는 것, 너무 많아 어려우면 여러 차례 나르는 방법, 낙하산까지 생각해 내고, 자신은 도저히 그렇게 할 수 없다고 '엄마'라는 존재에 대해서도 생각해보며 엄마의 고마움을 다시금 되새기는 시간이었다. 권정생 선생님에 대한 관심과 사랑을 느끼고 작품을 찾아 읽겠다고 한다. 마무리 시간, 8분으로 편집한 엄마 까투리 애니메이션을 보는데 눈물을 닦는 아이들도 있었다.

글 없는 그림책을 읽고 작가되기

그림은 많은 이야기를 담고 있다. 아이들은 그림책을 보며 그림이 보여주는 상징과 비유, 그림 사이의 공간 등 그림 속에 숨겨진 의미를 찾아내고, 자기만의 언어로 이야기를 만들어내는 일에 대단한 흥미를 보인다. 그림책이 주는 신선함과 아름다움, 편안함, 호기심 등으로 어느 학년이나 다 좋아하지만 특히 자기 표현력이 왕성한 3, 4학년 학생들은 연극이나 글쓰기, 그림으로 자신을 표현하는 활동에 매우 활발하게 참여한다.

글로 설명되지 않은 그림만 있는 책을 보면서 자신의 상상력을 마음껏 발휘하여 작가가 되는 활동을 해 본다. 함께 모여 생각을 나누고 확장해 가는 모둠 활동의 과정을 거쳐 그림을 더욱 깊이 이해하게 되고 다양한 생각을 나눠보는 활동으로 그림책의 재미에 빠지면 각자 자신의 생각을 기록한 개인 창작도 가능해진다. 다음 작가의 그림책을 선정하여 그림을 읽고 글쓰기 활동을 하였다.

책 제목	저자	출판사
『노란 우산』	류재수	보림
『이상한 화요일』	데이비드 위즈너	비룡소

『머나먼 여행』	에런 베커	웅진주니어
『왜?』	니콜라이 포포포	현암사
『그림자 놀이』	이수지	비룡소
『여행 그림책』	안노 미쓰마사	한림

비 오는 날 읽는 책, 고운 색과 음악의 즐거운 리듬

『노란 우산』 류재수 그림 / 신동일 음악 / 보림

비 오는 날 학교 가는 길은 화사하게 피어나는 꽃길이다. 오직 투명한 시각적 이미지 자체만을 표현하는 데 많은 시간을 들였다는 작가의 말처럼 표지에 노란 우산 하나가 매우 강렬하고 아름답게 다가온다. 회색 아스팔트길과 대비되면서…. 비가 내리는 날은 『노란 우산』을 펼쳐 음악도 함께 들으며, 색이 하나씩 더해지며 아름답게 펼쳐지는 열세 장면의 그림을 아이들과 읽는다.

예술의 내재적 가치를 정점으로 하는 그림 그 자체의 아름다움을 표현하고자 어린 영혼들이 지닌 빛나는 색이 이리저리 뒤섞이며 순간순간 다채롭게 그려내는 조화로움 그 자체를 표현했다는 작가의 말이 다가온다.

비 오는 날 학교 가는 노란 우산을 따라 정겨운 동네를 지나가면서, 노란 우산이 만나게 되는 다양한 색깔의 우산들이 만드는 아름다운 색에 흠뻑 빠져 들여다보면, 우산 속 아이들의 모습이 궁금하고, 나누는 이야기가, 아이들이 가는 길이 모두 궁금해진다. 우산들이 엮어내는 다양한 색감과 조형적인 리듬이 온몸으로 흐른다. 노란 우산, 파란 우산, 빨간 우산 하나씩 늘어나는 우산을 보며 다음엔 어떤 색이 나올까, 추측해 보기도 한다.

음악이 있는 그림책이다. 책에 음악 CD가 함께 들어있다. 위에서 내려다본 우산들의 다양한 표정, 아름다운 우산들의 행진을 보면서 CD에 수록된 다양하고 풍성한 음악적 이미지들을 듣다 보면, 통통 튀는 피아노 소리와 창밖의 빗소리와 음악소리가 어우러져 비오는 날의 풍성한 행복감을 맛보게 된다. 음악은 신동일의 피아노곡집으로 책과 함께 듣는 배경음악, 〈비 오는 세상〉 노래와 〈노란 우산 테마 피아노 소곡 모음〉 13곡으로 구성되어 있다. 아주 오래전 본 영화 〈쉘부르의 우산〉 장면과 음악도 떠오르는 아름다운 그림책이다.

감성에 호소하는 작가 류재수는 깊이 있는 주제를 웅장하게 펼칠 뿐만 아니라 어린이의 감성을 깨우는 서정적인 그림으로 어린이의 세계를 다채롭게 표현하는 그림책 작가이다. 지은 책으로 『노란 우산』, 『턱 빠진 탈』, 『자장자장 엄마 품에』, 『백두산 이야기』, 『돌이와 장수매』, 『하양 까망』 등이 있다. 『노란 우산』은 '2002년 뉴욕타임스 올해의 우수 그림책'으로 선정되었다.

🧑‍🏫 수업 이야기

비 오는 날 함께 읽는 책, 음악도 들으며 창밖의 빗소리도 들으며 그림책을 함께 본다.

노란 우산 속의 아이는 어떤 모습일까?
어디로 가는 걸까?
파란 우산을 만났네요.
둘이는 무슨 이야기를 할까?

한 장 한 장 넘기며 궁금한 질문들을 쏟아놓는다. 그리고 책을 읽는 느낌을 나누어 본다.

- 아이들 모습이 궁금해요.
- 어디를 가는지 궁금했는데 학교 가는 길이었어요.
- 비 오는 날 등교하던 길이 떠올라요.
- 예쁜 장화를 신고 싶어요.
- 우산이 서로 어울리는 장면이 정말 아름다워요.

다시 그림을 넘기고 음악과 함께 각자 맘껏 상상하며 글을 쓴다. 시로 표현하는 아이도 있다. 그림이 주는 아름다움에 빠져 작품이 예쁘다. 각자 쓴 글을 모둠별로 친구들과 나눈다. 작품을 발표해 보며 칠판에 붙이고 작품을 감상한다. 음악을 들으며 맘에 드는 작품에 스티커를 붙여준다. 우리들의 작품 발표회 시간이다.

함께 읽으면 좋아요

비 오는 날 읽어 주는 그림책이다. 특별한 분위기를 느끼며 함께 읽으면 좋은 책이다.

『비 오는 날』

『비오는 날의 소풍』

『비가 오는 날에…』

대체 화요일에 무슨 일이?

『이상한 화요일』 데이비드 위즈너 / 비룡소

화요일 저녁 8시 즈음, 이상한 일이 일어난다. 연못에서 갑자기 두꺼비와 개구리가 뛰어오른다. 이 두꺼비 떼가 연꽃 잎사귀 위에 올라앉아 온 하늘을 날며, 전깃줄에 앉은 참새 떼도 놀라게 하고 줄에 널린 빨래를 만나면 그 빨래를 끌고 신나는 비행, 심지어는 집에까지 들어가 졸고 계신 할머니 대신 리모컨을 조작하여 TV도 보고, 밤 11시 야식을 먹다가 이 놀라운 풍경을 목격한 사람의 신고로 경찰이 출동했으나 모두 흔적도 없이 사라지고 길바닥에는 그들이 타고 날았던 연잎만이 흩어져 당황시키는데 다음 주 화요일엔 더 놀라운 일이 벌어진다. 기발하고 놀라운 상상력, 탄탄한 구성, 아름다운 그림에 아이들은 매우 유쾌하게 그림을 읽어 나간다. 작가는 이 작품으로 1992년 첫 번째 '칼데콧 상'을 수상했다.

꿈같은 상상력이 넘치는 데이비드 위즈너는 『자유 낙하』를 시작으로, 『허리케인』, 『1999년 6월 29일』, 『아트 앤 맥스』 등 9권의 그림 동화책을 냈다. 그 중 『이상한 화요일』(1991), 『아기 돼지 세 마리』(2001), 『시간 상자』(2006)로 그해 그림책 최고의 상인 '칼데콧 상'을 수상하였으며 『자유 낙하』(1988)와 『구름 공항』(1999), 『이봐요 까망씨』(2013)로 '칼데콧 아너상'을 받은 천재적 작가로 그의 작품에는 외계인이 자주 등장하고 물고기, 채소, 돼지 등이 날아다니는 등 놀라운 상상력을 보여 준다.

데이비드 위즈너는 그림책의 가치를 '상상력 자극'에 둔다. 그의 작품 대부분이 글이 아예 없거나 최소화된 작품들이다. 그는 그 이유를 다음과 같이 말한다.

"그림책 작가로서 나는 독자들이 내 생각과는 달리 해석하는 것을 개의치 않습니다. 비록 제가 만든 책이지만 독자에 따라 달리 읽히고 창작되기를 진정으로 원합니다. 제가 책을 통해 바라는 것이 있다면 사람들이 웃을 수 있고, 이야기를 상상할 수 있도록 하는 것입니다."

독자에게 이야기를 창작할 수 있는 기회를 제공하고 자신의 생각을 언어로 표현할 수 있는 기회를 만들어 주고 싶은 것이 '글자 없는 그림책'에 반영된 데이비드 위즈너의 희망이자 소신이다. 아이들도 데이비드 위즈너의 상상의 세계에 놀라며 그의 그림책으로 창작 글쓰기를 무척 좋아하였다.

수업 이야기

함께 그림을 본다. 무척 놀랍다. 어떻게 이런 일이 가능할까? 화요일 저녁 8시, 연못 속에서 한 단계 두 단계 튀어 오른 개구리와 두꺼비, 연잎을 타고 더 높이 오른다. 책장을 넘길수록 놀라움은 더하고 마지막 장면까지 살펴본 후 다시 그림책을 펼쳐본다. 그리고 한 장면씩 이야기를 엮어낸다. 친구들의 발표에 이어서 이야기 더하기를 한다. 그렇게 한 편의 이야기를 만들어 공책에 각자 정리해 본다.

줄거리를 쓰기도 하고, 시로 표현하기, 작가에게 편지 쓰기 등 다양하게 쓰기 활동을 한다. 그리고 데이비드 위즈너의 놀라운 상상력을 찾아 다른 작품을 또 읽어 본다.

함께 읽으면 좋아요

상상력을 자극하는 '데이비드 위즈너'의 그림책들을 찾아 함께 읽어 보면 작가의 작품 세계를 더 잘 이해할 수 있다.

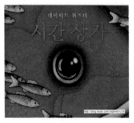

『시간 상자』

『구름 공항』

『자유 낙하』

나에게도 마법 펜이 있다면

『머나먼 여행』 에런 베커 / 웅진주니어

　표지를 보면 배를 타고 멋진 성으로 들어가는 아이, 대체 이 아이는 어디서부터 온 것일까, 어떻게 혼자서 머나먼 여행을 하게 된 것일까? 책장을 넘기면 빨간 마법 펜과 함께 떠나는 신비한 여행에 순식간에 빨려들며 아이와 함께 신나는 여행을 하게 된다. 엄마도 아빠도 언니도 모두 자신의 일로 바빠 심심해진 아이는 바닥에 떨어진 빨간 펜을 우연히 발견하고 그 펜과 함께 여행을 시작한다. 문을 그려서 열고 나가 만나는 풍경 그리고 배를 그리고 열기구, 양탄자를 그리며 아이가 다다른 곳은…. 작가는 『머나먼 여행』을 만들면서 주인공의 얼굴에 아무런 표정도 담지 않으려고 애썼다고 한다. 주인공 여자아이의 호기심과 상상력을 따라가며 이야기를 만들어내는 것은 바로 우리 아이들의 몫이다.

판타지를 그리는 미국의 여행가, 에런 베커는 세계를 돌며 평생 잊지 못할 멋진 여행을 했다. 한적한 일본 시골 마을에 머물기도 하고, 아프리카 오지를 탐험하기도 했으며, 북유럽과 남태평양을 여행하면서 영감을 받은 첫 그림책 『머나먼 여행』으로 2014년 '칼데콧 아너상'을 받았고 2016년에 『비밀의 문』, 『끝없는 여행』을 발표하며 늘 새로운 여행을 꿈꾼다.

 ## 수업 이야기

그림이 정말 아름다웠다. 그림에 끌려 책장을 넘기다 문득 놀란다. 벽에 문을 그리니 문이 되어 스르르 열리고, 아름다운 풍경에 이끌려 걷다 보니 물이 나타나고, 배를 그리니 빨간 배가 한 척, 와우 신난다. 배를 타고 출발, 대체 어디까지 갈 것인가? 아! 배가 그만 낭떠러지에 닿았다. 이제 어쩌나! 아이는 하늘에 대고 동그라미를 그린다. 바로 열기구가 만들어진 것이다. 그런데 그때 위험에 처한 보라색 새를 발견하고 새를 구출해 주기 위해 올라갔다가 그만 위기에 처하게 되고…, 어쩌나 손에 땀을 쥐며 아이들과 함께한다.

그림을 보며 아이들의 놀라움은 더해가고 신나는 여행에 행복해진 아이들은 곧바로 연필을 들고 이야기를 쓰기 시작한다. 그림을 따라가며 내가 만든 이야기, 그리고는 "우리도 이렇게 여행 책 만들어요." 미니북을 만들어 자신의 이야기를 엮는다. 뒷이야기를 쓰기도 하고 행복한 여행 시간이었다.

함께 읽으면 좋아요

늘 멋진 여행을 꿈꾸며 이어지는 에린 베커의 그림책들을 보며 더 신나는 여행을 따라가 본다.

『비밀의 문』   『끝없는 여행』

인간의 어리석음 그 끝은 어디인가?

『왜?』 니콜라이 포포프 / 현암사

도대체 왜 그토록 엄청난 전쟁이 일어난 것일까? 꽃 한 송이를 들고 있는 아주 평화로운 풍경의 개구리, 그때 땅속에서 불쑥 올라온 생쥐, 이 꽃 한 송이를 빼앗는 것으로 시작한 생쥐와 개구리의 싸움이 가족을 불러들이고, 총으로 대포로 확대되더니 다리를 무너뜨리고, 함정을 파고 엄청난 무기를 동원한 전쟁으로 천지를 온통 폐허로 만들어버린다. 그리고 시들어버린 꽃과 찢어진 우산만이 남아 전쟁의 무모함과 폐허, 그 무의미와 어리석음을 보여 준다. 서정적이고 따뜻한 느낌이 드는 수채화 풍의 그림이 전쟁의 삭막함과 함께 평화가 얼마나 소중한지, 평화를 지켜가기 위해 어떻게 해야 하는지를 잔잔하게 생각하게 한다.

왜 이 책을 쓰게 되었는지 작가의 말을 읽어 본다.

"우리는 '로프타'라고 부르는 러시아식 야구를 하거나 폭탄 파편을 주우러 다녔습니다. 크고 번쩍번쩍하는 그 쇳덩어리가 얼마나 멋있어 보이던지…. 나와 친구들은 그 멋진 보물이 사람을 죽이는 무시무시한 무기라는 것을 상상조차 하지 못했습니다. 파편 조각이 터지는 바람에 우리 가운데 한 친구가 손을 못 쓰는 평생 불구가 될 때까지도 말입니다. 손이 잘려나간 친구, 길가의 하수도를 파고 있는 독일군 전쟁 포로, 팔이 나 다리가 없이 고향으로 돌아오는 러시아 농부들의 모습이 어린 나에게 깊은 인상을 남겼습니다.

어린이들이 전쟁의 어리석음을 이해한다면 그리고 얼마나 쉽게 사람들이 폭력에 빠져들 수 있는지를 안다면 그들이 자라서 평화를 지키는 데 큰 힘이 될 것이라는 생각으로 이 책을 지었습니다."

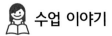 **수업 이야기**

왜? 대체 왜일까?

설명 없이 그냥 아이들에게 던져주었다. 모둠별로 서로 이야기를 나누는 활동이다. 그림을 보면서 돌아가며 이야기를 만들고 함께 이야기를 완성해 보는 활동을 해 보았다. 아이들은 그림을 읽으며 무척 놀랐다. 첫 장면과 마지막 장면을 비교해보았다. 꽃과 우산을 바꿔 들고 있는 마지막 장면, 하지만 시들어 버린 꽃, 다 찢어져서 쓸 수 없는 우산이 무슨 의미가 있는 것일까? 어이없는 전쟁에 대해, 어리석은 행동들에 대해 생각해보는 시간이었다.

이렇게 하찮은 일이 그토록 어이없이 번져가다니……, 친구와 다툰 이야기도 나오고 뉴스에 나오는 핵의 위협과 책과 영화에서 본 한국전쟁 이야기를 하며 전쟁이 인류에게 어떠한 일을 하였는지 생각하는 시간이었다. 작가는 어릴 적 본 전쟁의 모습이 이 책을 쓰게 하였다고 한다. 어리석은 전쟁의 모습에 대해 다른 그림책을 소개한다.

함께 읽으면 좋아요

콧잔등에 떨어진 새똥을 보고 웃었다고 전쟁을 벌이는 이야기부터 전쟁에 참여한 병사의 입장에서 전쟁을 고발하는 이야기, 그리고 제2차 세계대전을 배경으로 전쟁의 비참함을 잔잔히 풀어내는 전쟁에 대한 그림책들이다.

『새똥과 전쟁』

『적』

『곰 인형 오토』

『그림자놀이』 이수지 / 비룡소

책의 판형이 특별하다. 오른쪽에서 왼쪽으로 책장을 넘기며 보는 것이 아니라, 아래에서 위로 넘기면서 보게 되어 있다. 검은 바탕에 '딸깍!' 하는 화면을 넘기면 한 소녀가 사과를 먹으며 들어와 어두운 창고의 불을 켠다. 창고에는 자전거, 청소기, 빗자루, 사다리, 그리고 상자 등이 어지럽게 널려 있다. 소녀는 사과를 상자에다 내려놓고 그림자놀이를 한다. 손을 펼쳐 새를 만든다. 돌아보니 어느 순간 그림자 속에 코끼리와 늑대가 등장한다. 대체 어디서 나온 걸까? 창고 속 물건을 자세히 들여다본다. 늑대가 아니라 여우인가? 현실 세계에서 소녀가 그림자놀이를 하는 대로 그림자 세계에서 재현되는 것이다. 순식간에 야자 숲 속에 나타난 토끼와 코끼리와 한바탕 춤을 추고 숲은 점점 깊어져 아이는 아예 백조를 타고 발레를 춘다. 온갖 동물 관객들이 함께 환호한다. 그런데 갑자기 그림자 세계에서 튀어나온 늑대를 피해 아이는 그림자 세상으로 도망가고 쫓아오던 늑대는 그림자 세상에서 사라져버린 아이를 찾다 울어 버린다.

현실 세계와 그림자 세계로 나누던 페이지의 경계는 어느새 하나로 합쳐져 현실과 환상의 세계를 자유로이 넘나든다. 온통 숲으로 변한 세상에 새, 코끼리, 토끼, 여우, 악어, 뱀 온갖 종류의 현실 세계와 그림자 세계가 하나로 어우러져 한바탕 놀이판을 펼친다. '저녁 먹자'는 엄마 목소리가 아이를 깨우기 전까지는 행복한 환상의 세계를 펼친다.

젊은 그림책 작가 이수지는 『거울 속으로』, 『파도야 놀자』, 『그림자 놀이』로 매우 신선한 바람을 일으켰다. 책의 모양에서도 과감한 시도를 하여 『파도야 놀자』는 옆으로 길게 늘인 판형으로 책을 펼치면 파란 바다가 시원하게 펼쳐지며, 파도와 한바탕 신나게 놀고 돌아가는 아이는 파란 바다와 하나가 되어 처음 바다를 찾아왔을 때와는 다르게, 아이의 옷은 온통 하늘색으로 바뀌었다.

🧑‍🏫 수업 이야기

표지를 보고 이야기 나누기, 아이가 손을 펼쳐 새 모양을 만들고 있다.

저도 그림자 놀이해 봤어요. 제각기 아이들이 손으로 모양을 만드느라 바쁘다.

* 넘겨볼까요?
  - 그런데 책이 이상해요. 위로 넘기네요.
* 면지는 까만 바탕에 '딸깍!' 무슨 소리일까요?
  - 아! 어두운 창고에 들어가 전등을 켜는 소리였네요.
* 창고에 있는 물건들 자세히 볼까요?
  - 사다리에 올려둔 떨어진 구두, 청소기, 상자들, 그런데 자전거가 거꾸로 매달려 있어요.
  - 여기서 아이는 손으로 그림자놀이를 하고 있어요.
  - 새를 만들고 있네요.
* 그런데 뒤를 보니 갑자기 꽃이 피어나고 있어요. 대체 이 꽃은 어디서 나타난 걸까요? 그림을 자세히 살펴봐요. 노란색 바탕에 나타나는 그림을 특별히 자세히 살펴봐요.
* 모둠 친구들과 그림을 자세히 보며 이야기를 만들어 볼까요? 그리고 함께 만든 이야기를 친구들에게 발표해 보아요.
  - 아이들은 순식간에 그림자 세계에 빨려들고 "합체했어요. 늑대가 불쌍해서 해체하고 함께 놀아요." 하며 그림과 함께 환상의 세계로 들어간다.

 ## 함께 읽으면 좋아요

그림책에 신선한 바람을 일으킨 이수지의 그림책들을 함께 보며 작가의 세계를 탐구해 본다. 늘 새로운 시도를 하는 작가는 『이 작은 책을 펼쳐

봐』에서는 책 속의 책으로 또 새로운 변신을 한다.

『거울속으로』

『파도야 놀자』

숨은 그림 찾는 재미

『여행 그림책-중부 유럽 편』 안노 미쯔마사 / 한림출판사

글 없이 그림만으로 각국의 풍경과 역사적인 장소 등을 그린 여행 그림책. 주인공이 말을 타고 중부 유럽을 여행하며 만나는 마을과 사람들을 스케치한 책으로 여행자를 따라가며 펼쳐지는 이야기와 그림 찾는 재미를 선사한다. 동화 속 장면, 유명 작가의 명작 등을 숨은그림찾기를 하듯이 찾아보는 재미에 빠진다.

『톰 소여의 모험』, 『하멜른의 피리 부는 사나이』, 『잠자는 숲속의 공주』, 『벌거벗은 임금님』, 『브레멘의 음악대』, 『커다란 순 무』, 『빨간 모자』 등의 동화를 만난다.

또 밀레의 '이삭줍기', '만종', 쇠라의 '그랑자트 섬의 일요일 오후' 그림을 그리고 있는 고흐 등 명화 속의 장면들이 마을 사람의 일상과 자연스럽게 어울려 그려져 있다.

이와 같이 중부 유럽의 풍경과 명소, 유적 등을 엄선하여 파노라마처럼 전개하였으며, 명화, 명작, 영화의 한 장면, 역사적 사건, 역사적 인물의 얼굴, 숨은 그림, 트릭을 사용한 그림, 연속 연결을 이용하여 보는 재미와 유머러스한 그림을 만날 수 있다. 이 그림책을 펼칠 때마다 늘 새삼스럽게 다가오는 새로운 발견이 그림 보는 재미에 푹 빠지게 한다.

아이들의 관찰력을 키워주는 그림을 그리는 일본 작가 안노 미쯔마사는 1968년에 발표한 『이상한 그림책』으로 데뷔하여 그림책 작가로서 최고의 영예라 할 수 있는 '안데르센 상'을 비롯해 '케이트 그린어웨이 특별상', '볼로냐 국제 아동도서전 그래픽 대상' 등을 수상하며 전 세계 독자들의 꾸준한 사랑을 받고 있다. 수학 그림책을 많이 그렸으며, 나라와 나라를 헤매며, 아득한 여행을 하며 새로운 세계를 발견한다는 작가는 중부 유럽, 이탈리아, 영국, 스페인, 덴마크, 미국 등 6권의 여행 그림책을 발표하였다.

🧑‍🏫 수업 이야기

표지를 보고 이야기를 나눈다.

* 일본 작가가 유럽 여행을 가서 본 것을 그렸어요. 그림이 정말 자세히 표현되어 있어요.
  - 아름다워요.
  - 말 타고 가는 사람이 있어요. 여행하는 주인공인가 봐요.
  - 톰 소여가 벽에 페인트를 칠하고 있어요.
* 어떤 동화가 생각나나요?
  - 톰 소여의 모험이에요.
* 속표지를 볼까요?
  - 무척 아름다운 장면이에요 유럽의 마을 같아요.
* 뒤의 속표지를 볼까요?
  - 같은 그림인데 방향이 달라요.
  - 마을로 들어가는 그림과 나가는 그림 같아요.
  - 여행을 시작하는 그림과 여행을 마치는 그림인가 봐요.

다음 장을 넘기면 배를 타고 오는 여행자, 그리고 다음 장에는 말을 한 마리 사려고 이야기하는 것 같다.

"말을 타고 여행을 하는 주인공을 따라가 볼까요? 주인공이 만나는 풍경을 자세히 이야기 나눠보세요."
"숲이 있는 마을을 지나며 보이는 풍경을 말해볼까요?"

- 나무를 베는 사람, 나무를 자르는 사람, 곡식을 베는 여인들, 개울가에서 빨래하는 여인, 젖소도 있어요.
- '보리를 까부르는 여인들' 이건 쿠르베의 그림이네요.

다음 장을 넘기면 여행자는 포도밭을 지나간다. '마을 사람들은 포도를 따서 통에 담고 포도주도 담그고 있다. 그림이 복잡한 줄 알았는데 자세히 보니 재미있다. 이렇게 그림을 따라가다 보면 동화 속 장면도, 유명한 그림 장면도, 역사적인 장소도 찾을 수 있다.' 등의 이야기를 나눈다.

"모둠 친구들과 함께 찾아보아요. 그림에서 무엇을 찾았는지 한 번 적어 볼까요?"

아이들은 숨은 그림을 찾을 적마다 탄성을 지르며 놀라움을 금치 못하였다. 함께 그림을 본 후 작가가 되어, 찾은 이야기를 글로 적어보도록 하였다. 유럽 여행기가 되었다.

 함께 읽으면 좋아요

안노 미쯔마사 작가가 그린 다른 나라 여행 그림책들도 찾아보며 세계여행을 떠나보도록 한다.

이탈리아 편   영국 편   미국 편

 ## 수업 소감

글 없이 그림만 있는 그림책을 함께 보며 이야기를 만들어 보는 '나도 작가' 시간이다. 우선 표지를 보며 궁금증을 나누고 이어서 뒤표지, 속표지, 면지, 출판사항도 살핀다.

한 번 그림을 끝까지 읽은 후, 다시 돌아와 꼼꼼하게 그림책 깊이 읽기를 하였다. 교사와 함께 전체 학습으로 진행하기도 하고, 모둠끼리 함께 보며 협의하는 모둠 학습도 하였다.

그림책에 말 주머니를 붙여 읽어 보기도 하고, 머리를 맞대며 함께 의논하며 그림의 내용을 파악하고 이야기를 만들어가는 시간에 아이들은 돌아가며 한 문장씩 이어 쓰기를 하기도 하였다.

충분히 논의한 후 최종적으로는 각자 자신의 글로 쓰는 '나도 작가' 활동을 하였다. 아이들의 상상은 무궁무진하고 아이들은 글쓰기를 매우 즐긴다.

편지쓰기, 시로 표현하기, 주인공과 인터뷰하기, 역할놀이 등의 활동도 재미있게 표현하였다. 글쓰기 작품은 서로 돌려 읽으며 댓글로 느낌을 나누고, 클래스팅 등의 온라인으로 공유하였다.

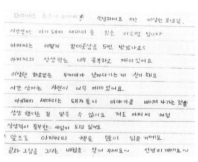

데이비드 위즈너께

뒷이야기 책 만들기

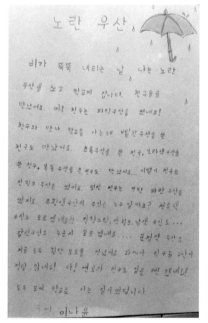

『노란 우산』 이야기

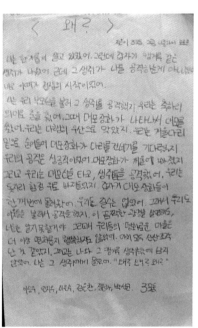

함께 쓰는 이야기 『왜?』

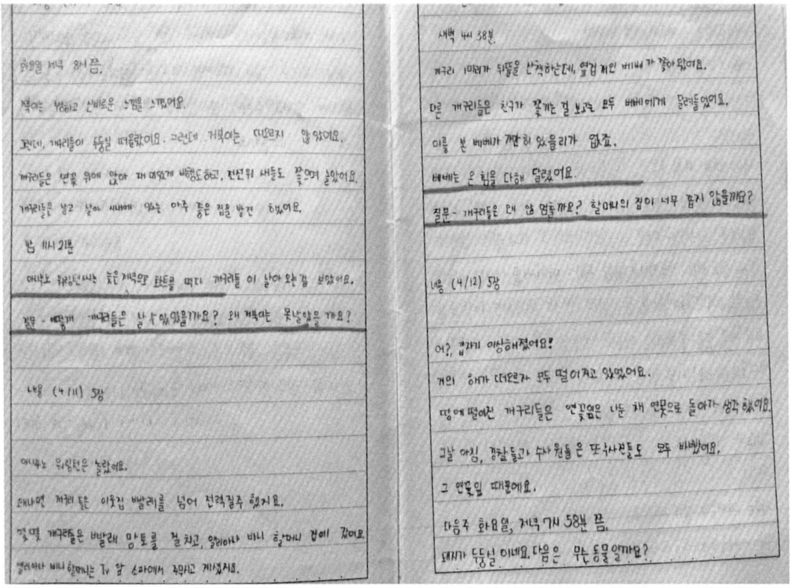

날마다 한 장씩 그림 깊이 읽기

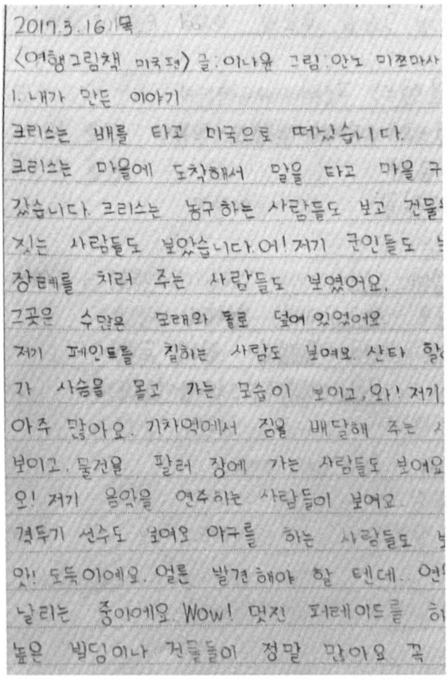

내가 쓰는 『여행 그림책』

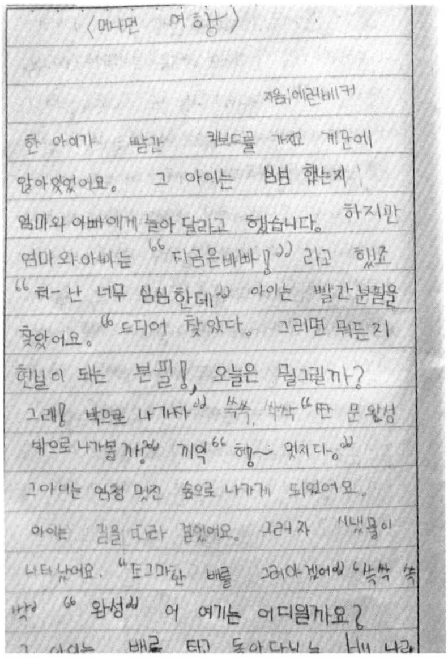

내가 쓰는 『머나먼 여행』

〈그림책의 새로운 발견〉

서울 대모초 김예원

평소 그림책을 보면 '아이들이 읽는 책', '글이 거의 없는 유치한 책'이라는 고정관념을 가지고 있었다. 하지만 정말 좋은 그림책은 어른들이 읽어도 어려울 만한 책도 있다는 것을 알게 되었다. 이번 그림책 수업을 통해서 그림책이 어린이만의 책이 아니고 어른들을 포함한 모두가 읽을 만한 가치가 아주 많은 책이라고 생각했다.

나는 어렸을 때부터 그림책을 볼 때 글이 있다면 글을 읽고 그림을 대충 보고 넘어갔었다. 더구나 그림만 있는 책을 꼼꼼히 읽거나 의미를 생각하며 읽은 적은 거의 없었다. 처음 수석 선생님과 공부를 시작했을 때 정독하는 것을 배웠던 것처럼 그림책을 잘 읽는 방법에 대해 알 수 있었다. 그림책의 장면 하나하나를 꼼꼼히 읽다 보면 그 그림에 담긴 뜻을 알 수 있었고, 숨은 것을 찾아 읽으면서 재미있었다. 수업을 하면서 가장 신기했던 것은 내가 보기에는 별다른 것이 없어 보이는데 선생님께서는 특별하거나 담긴 이야기를 찾아내시는 것이었다. 마치 작가를 만나서 이야기를 들으신 것만 같다는 생각이 들 정도로 깜짝 놀랐다. 우리 반 친구들이 그림책을 읽고 그림 속에서 찾은 것과 작가의 의도를 발표하였는데 정말 인상적이었던 모둠이 있었다. 3모둠은 『터널』을 읽고 발표하였는데, 내가 처음 보는 부분들을 많이 찾아내서 굉장히 놀랐다. 3모둠이 찾아낸 것 중에 가장 놀라서 입이 벌어졌던 것은 앞표지와 뒤표지에 그려져 있던 책이었다. 친구는 앞표지의 터널 앞 책은 이야기를 시작한다는 것을 나타내서 열려 있고, 뒤표지 터널 앞의 책은 이야기가 끝났음을 알리기 위해서 책이 닫혀 있다고 설명하였다. 보통 책표지는 그냥 넘기기 마련인데, 책표지의 숨은 뜻까지 찾아서 신기했다. 우리 모둠 발표보다 뛰어났던 다른 모둠 발표들을 듣고 앞으로 책을 더 열심히 읽고, 꼼꼼히 읽는 습관으로 고쳐야 할 필요가 있다고 생각했다.

이런 발표수업을 하며 내가 모르던 점을 친구들이 찾아 발표해주니 같은 책 한 권을 읽더라도 더 기억 속에 남는 것이 많아진 것 같다. 그리고 내가 못 찾은 것을 다른 친구들이 찾아주니, 한편으로는 내가 더 꼼꼼히 읽어서 찾아내야 한다는 승부욕을 부여해주는 것 같다. 앞으로 이런 형식의 수업이 많아지면, 모둠 원끼리 사이도 좋아지고, 의견을 잘 발표하고 잘 들어줄 수 있는 학생이 많아질 것 같다. 수석 선생님과 함께 이런 좋은 수업을 할 수 있어서 매우 뜻 있는 시간이었다.

4장

동시집 함께 읽기

『딱지 따먹기』
『떡볶이 미사일』
『어이없는 놈』
『커다란 빵 생각』
『엄마의 법칙』
『별에 다녀오겠습니다』

시 노래랑 놀아요

『딱지 따먹기』 초등학교 아이들 시 / 백창우 곡 / 강우근 그림 / 보리

얘들아, 불러라 너희들의 노래를.

사람들은 누구든지 제 목소리로 자라난단다.

나도 너희들의 노래를 부르면서

어린아이로 살고 싶단다.

아, 이 세상 모든 어른들이 아이들의 노래로 살아간다면

이 세상은 천국이 되겠지.

틀림없이 천국이 되겠지.

- 이오덕 추천시 '얘들아, 너희들의 노래를' 가운데

이 노래의 주인은 아이들입니다.

그렇지만 어른들도 아이와 같은 마음을 가진다면 이 노래의 주인이 될 수 있을 것입니다.

- 백창우

노래는 힘이 세다

눈을 흘겨도 문제아

욕을 해도 문제아

…

문제아가 되는 건 쉽지만

보통아이가 되는 건 어려워

이 책에는 아이들의 시에 백창우 작곡가가 곡조를 붙인 20개의 시 노래가 CD에 담겨 부록으로 들어있다. 시와 친구가 되는 가장 쉬운 방법이 시 노래 부르기이다. 지난 4월 중에 3학년 아이들과 『딱지 따먹기』 시 노래책으로 독서 수업을 하였다. 한 주에 한 번씩 네 번, 한 달에 걸쳐 이 책에 수록된 시 노래를 골라 '시랑 놀아요' 수업을 할 때 아이들이 스스로 선택해서 한 시간도 거르지 않고 불렀던 노래가 '문제아'였다. 이 노래를 좋아하는 아이들을 보며 처음에는 '문제아라는 말을 많이 들어서 속 풀이를 하는 모양이로구나!'라고 생각했다. 그러나 노래 가사를 바꿔서 부르는 것을 보고서야 이 아이들이 교실에서 수업하면서 사회에 참여하고 있다는 것을 깨달았다. 아이들은 아무런 저의 없이 서동요를 부르듯 문제아를 부르고 또 불렀다.

동시집 함께 읽기 수업의 흐름

4차시로 동시집 함께 읽기 수업구성을 하였다. 첫째 시간에는 '책이랑 친구하기'로 이오덕, 백창우 선생님의 추천 글을 먼저 읽고 이 동시집에 수록된 시 노래의 제목 훑어보기, 시의 내용을 그림으로 표현한 삽화를 보고 이야기 나누기를 하는 독서 전 활동을 하였다.

3학년 아이들 중에도 "시가 뭐예요?"라고 묻는 아이가 있었다. 그래서 2학년 교과서에 들어있어 즐겁게 노래 불렀던 경험이 있는 「딱지 따먹기」 노래가 원래는 4학년 학생이 지은 시를 시가 너무 재미있어서 백창우 선생님이 노래로 만든 것임을 알려주었다.

책이랑 친구하기

📖 이오덕, 백창우 선생님의 추천 글 읽기
- 우리들의 노래는 어떤 노래인가요?

- 사람들은 누구든지 제 목소리로 자라난다는 말은 무슨 뜻일까요?
- 어른들도 아이들의 노래로 살아간다면 이 세상이 어떻게 천국이 될까요? 짝과 이야기 나누어 봅시다.

📖 『딱지 따먹기』 책 훑어보기
- 차례에 있는 시 노래 제목을 보고 어떤 시일까 생각해 봅시다.
- 내가 떠올린 생각을 짝과 나누어 봅시다.

📖 그림 보고 이야기 나누기
- 그림에 나와 있는 아이들의 표정을 읽어 봅시다.
- 화가가 왜 그런 표정으로 그림을 그렸는지 짝과 이야기 나누어 봅시다.
- 짝을 바라보며 그림 속의 표정을 따라 지어 봅시다.

📖 듣고 싶은 시 노래 골라 듣기
- 듣고 싶은 시 노래를 하나 뽑아봅시다.
- 왜 그 노래를 뽑았는지 짝에게 말해봅시다.
- 노래 듣기 신청을 하고 잘 들어봅시다.

둘째 시간에 시 읽기로 들어갔다. 아이들은 악보가 붙어있는 시 노래에 눈이 더 갔고 아직 배우지 않은 노래를 제멋대로 흥얼거리기 시작했다. 악보를 읽을 수 있는 아이는 악보대로 노래를 부르려고 애쓰며 멋대로 부르는 짝에게 '그게 아니야'라고 고쳐준다. 친구의 도움에도 불구하고 흥이 나는 대로 노래 부르는 아이들. 음은 각각 달라도 악보가 있어서인지 박자는 대강 맞아 들었다. 시를 만들 듯 노래를 만들어내는 아이들. 놀라운 일이었다.

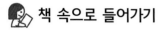

책 속으로 들어가기

시를 읽고 시 노래 마음대로 불러보기

- 시를 소리 내어 낭송해 봅시다.
- 재미있게 표현된 곳을 찾아서 말해봅시다.
- 시 노래를 마음대로 불러봅시다.

시 한 편 골라 표정과 몸짓으로 표현하기

- 짝과 함께 시 한 편을 골라봅시다.
- 어떤 표정과 몸짓이 좋을까 의논해 봅시다.
- 짝과 함께 표정과 몸짓으로 표현해봅시다.

발표하는 친구 모습을 그리기

- 친구의 표정과 몸짓을 보고 어떤 시를 표현했는지 알아맞혀 봅시다.
- 발표하는 친구의 모습 중 인상 깊은 모습을 그림으로 그려봅시다.

그림 보여 주고 설명하기

- 내가 그린 그림 속 친구의 표정과 몸짓을 설명해 봅시다.
- 친구의 그림에서 특별히 잘 표현한 부분을 칭찬해 줍시다.

셋째 시간이다. 책이랑 놀고 시 노래랑 놀자고 하였다. 무슨 놀이를 할까 물으니 이구동성으로 딱지 따먹기를 하자고 하며 노래를 부르기 시작한다.

딱지가 홀딱 넘어갈 때

나는 내가 넘어가는 것 같다.

　이 부분을 노래 부를 때 아이들의 몸이 휘어졌다. 내 몸도 따라 넘어졌다. 색종이와 A4 크기 이면지와 신문지를 나눠 가지고 딱지를 접기 시작했다. 먼저 딱지 접기를 마친 아이들이 종이를 조몰락거리며 더디게 접는 친구의 딱지 접기를 도와주었다. 딱지치기하다가 딱지를 잃으면? 다시 종이접기하면 되었다. 얇은 딱지가 꼼짝을 하지 않으니 두껍게 접기도 하고 두껍게 접은 딱지가 넘어가면 다시 얇아지도록 엉덩이에 깔고 앉기도 하였다.

 ## 책이랑 놀기

📖 부르고 싶은 시 노래 골라 부르기
- 오늘 함께 부르고 싶은 시 노래를 하나 뽑아봅시다.
- 왜 그 시 노래를 뽑았는지 짝에게 말해봅시다.
- 시 노래를 CD플레이어로 들으며 함께 불러봅시다.

📖 종이로 딱지 접기
- 딱지를 접어 본 경험이 있나요?
- A4 크기 이면지 2장으로 딱지를 접어 봅시다.
- 신문지 1장으로 딱지를 접어 봅시다.

이면지 2장으로 접기　　　　　　　　신문지 1장으로 접기

📖 **딱지 따먹기 노래 부르며 놀이하기**

- 딱지 따먹기 노래를 부르며 놀이를 해 봅시다.

- 어느 딱지가 잘 안 넘어가나요?

- 딱지치기 대장이 되는 비법은 무엇인가요?

📖 **딱지 따먹기를 할 때의 생각과 느낌 나누기**

- 어떤 친구가 딱지 따먹기를 잘하나요?

- 딱지 치는 친구의 표정을 표현해보세요.

- 딱지를 따거나 잃을 때의 마음을 말해보세요.

시와 노래와 놀이가 하나가 되는 경험이 지나간 후 넷째 시간에는 즐거 웠던 경험을 시로 써 보자고 하였다. 시 쓰기를 어려워하지 않도록 생각나 는 단어들을 짝과 번갈아가며 하나씩 이야기하면서 시 공책에 쓰기 시작 하였다. 동시집에 나왔던 단어와 재미있는 표현들도 기록하였다. 언제 외 웠는지 시 외우기를 하지 않았어도 짧은 시를 외워서 적기도 하였다.

🖼️ 나를 표현하기

📖 **부르고 싶은 시 노래 골라 부르기**

- 오늘은 어느 노래를 부르고 싶은가요?

- 왜 그 노래를 부르고 싶은지 짝에게 말해봅시다.

- 친구가 부르기 원하는 시 노래를 함께 불러줍시다.

📖 마음에 드는 시 한 줄 고르기

- 동시집에서 제일 마음에 드는 시 한 줄이나 표현을 골라보세요.

- 왜 마음에 들었는지 짝에게 이야기해 주세요.

- 짝의 경험도 들어봅시다.

📖 마인드맵으로 생각을 키워 나의 시 쓰기

- 서로의 경험과 생각을 합쳐 마인드맵으로 적어보세요.

- 마인드맵에 적은 글을 시로 바꿔보세요.

📖 나의 시 발표하고 친구들의 감상 듣기

- 내 시를 짝에게 읽어 주세요.

- 짝의 시를 듣고 궁금한 곳이 있으면 물어보세요.

- 고칠 곳이 생각나면 고쳐 쓰세요.

- 짝의 시가 마음에 들면 짝 대신 반 전체에 발표해주세요.

- 나의 작품 발표판에 붙여주세요.

수업 이야기

"시는 바로 너란다."

마이클 베다드와 바바라 쿠니의 그림책 『에밀리』에 나오는 글이다. 은둔 시인 에밀리 디킨슨을 만난 이웃집 아이가 "시가 뭐예요?"라고 묻자 그가

답한 말이다.

아이들이 하는 말, 행동, 생각이 모두 시가 될 수 있다. 그걸 알게 하고 맘껏 표현하게 하고 즐기게 해 주고 싶었다. 그래서 아이들이 좋아하고 즐기는 시 노래책을 가지고 놀면서 그걸 몸으로 익히게 하려고 생각하였다.

아이들의 삶이 노래로 가득 차기를 바라는 어른들이 있다. 시인이며 작곡가인 백창우 작가가 아이들의 시를 노래로 만들어 노래 CD와 책이 함께 출판된 보리 어린이 노래마을 6권이 있다. 그 중 첫 번째 책이 『딱지 따먹기』이다.

「딱지 따먹기」 시는 2학년 국어교과서에도 실려서 이미 아이들이 친숙하게 알고 있었다. 하지만 시 노래를 즐기려면 친숙하고 만만한 데서 시작하는 것이 좋겠다고 나는 판단했다.

학교 도서실에는 윤독 도서로 『딱지 따먹기』 책이 열 권이 있었다. 도서실에 있던 열 권의 책과 내 책을 합쳐 두 명, 혹은 세 명의 아이들이 책을 함께 보게 되었다.

"이 노래 알아요." 역시 아이들은 시보다 노래에 더 가까이 있었다. 책을 보여 주자마자 노래가 아이들의 입에서 흘러나왔다.

"시는 바로 이거야. 너희들이 시란다. 선생님은 이제 시인인 너희들이랑 놀 거야."

"이게 너희들의 노래야."라는 내 말에 "에이, 시시해요." 하는 아이가 몇 있었다. 그래서 이오덕 선생님의 추천시를 함께 읽다가, '얘들아 불러라, 너희들의 노래를' 부분에서 너희들이 잘 부르는 노래가 뭐냐고 물으니 텔레비전에서 자주 들려오는 유행가를 들먹인다. "그거 아이들이 지은 거야?" 하니 아니란다. "여기 있는 시 노래는 모두 아이들이 지은 거야. 너희가 지은 시 노래가 진짜 너희들의 노래야."

"나도 유행가 안 부르고 너희들의 노래를 불러. 이 세상 모든 어른들이 아이들의 노래로 살아간다면 이 세상은 천국이 될 거라고 이오덕 선생님처럼 나도 생각하지. 너희들의 생각은 어때?"

내 질문에 몇 명은 "맞아." 하며 고개를 끄덕이고 또 몇몇은 고개를 흔들며 "엉망진창이 될 걸요."라고 한다.

고학년 담임을 주로 하다가 2학년 담임을 맡게 된 선생님 한 분이 저학년에게 동시 지도한 경험을 들려주셨다. 한 주간에 동요 하나씩 매일 계속해서 들려주기를 했는데 듣고 따라 부르기를 하는 동안에 아이들이 노래 가사를 다 외우게 되었다고 한다. 이 방법으로 동시 노래를 익혀가며 동시를 외우고 즐기게 되었다니 이것도 시와 노래를 몸으로 익히는 한 방법이겠다.

그러나 공부한다는 부담 없이 시 노래로 놀며 즐기게 하려고 시 암송을 시키지 않았다. 그래도 아이들은 짧은 시부터 외우기 시작했다. 그리고 조금 길지만 자기 마음에 드는 시를 찾아 외워나갔다.

그런데 책 훑어 읽기를 하다가 사달이 났다. 무엇이든 큰 목소리로 외치기를 좋아하는 여학생이 시 노래 중 「내 자지」 노래에 꽂혀서 외치기 시작했다. 이 시에 별로 관심이 없거나 부끄러워하며 건너뛰려던 아이들 몇이 따라 외치기 시작했고 누군가 그림과 시를 종이에 옮겨 쓰고 돌려 보기가 쉬운 시간까지 이어졌다. 하필이면 그림을 그린 아이가 여자아이들이 부끄러워하는 말을 자꾸 하여 담임선생님이 지도 중인 남자아이였다. 결국 이 노래는 부끄러워하는 친구들이 있으니 부르지 말자고 지도하게 되었다. 남자아이나 여자아이나 혼자서 자라는 경우가 많아져서 경험하지 못하고 지나가는 일들 중에서 여럿이 함께 공부하며 자연스럽게 경험할 수 있는 것들이 있는데 그러지 못하게 되었다. 교육내용을 펼쳐가지 못하고 오히려

울타리 치고 제한하는 일이 이렇게 의도치 않은 곳에서 일어난다는 것을 수업을 통해 보게 되었다.

시랑 놀고 시 똥 싸기

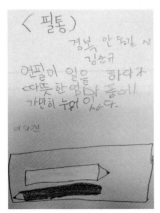

짧은 시부터 외워 쓰기를 하였다

짝과 함께 시를 몸으로 표현해보라고 하니
필통 속에 누워 자는 연필 두 자루란다

말을 그림으로 표현해보면 느낌이 한눈에 들어온다.

'등때기'라는 말과 '없는 것 같다'는 표현이 실감 나고 재미있었나 보다.

동생이나 무거운 가방을 등에 업고 있다가 내려놓은 후 등이 허전했던 경험을 이야기로 나누고 그림으로 그려보자고 하니 등이 없는 모습을 그렸다.

「아기 업기」 시는 이렇게 창의적인 그림으로 표현되었다.

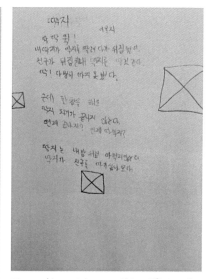

단어 릴레이를 하며 같은 단어가 나오면 엎드리기였는데 자신의 실수를 '괜찮아'라고 표현하여 실수를 이기는 마음의 힘을 보여주었다

딱지가 쉽사리 넘어가지 않는 것을 보고 '딱지가 친구를 따기 싫나보다'라고 썼다. 딱지를 잃지 않으려는 친구의 마음에 공감하는 힘이 예쁘다

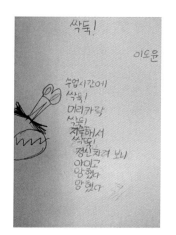

시 수업이 지루했나? 수업 중 가위를 들고 장난을 치다가 급기야 제 머리카락을 자른 아이가 있었다.

"경험을 시로 쓰기다."
"싹뚝 놀이를 써도 돼요?"

써도 된다고 하니 시 공책에 위쪽 4행과 아래쪽 3행, 모두 7행시를 써왔다.

"싹뚝 놀이 왜 했니?"

"그리고 왜 망한 거니?"

내 질문을 듣고 '지루해서/싹둑/정신 차려 보니' 3행을 가운데에 더 써넣었다.

거미

글·그림 이성찬

거미가 반에 들어왔다

친구들이 모여든다

징그럽게 보이는

거미가 지나가는 길마다

친구들이 물러난다

하지만 용호가

빗자루와 쓰레받이를 들고

방패와 칼처럼 들고

거미와 싸워 이긴다

　시 수업을 하는 중에 교실 천장에서 커다란 검은 거미 한 마리가 내려왔다. 모두들 '꺄악' 비명을 지르며 의자와 책상 위로 올라섰다. 남자아이들 몇이 거미를 잡겠다고 의자에서 내려왔다가 거미가 교실 바닥을 기어가자 모두 뒤로 물러섰다. 그때 용호가 비와 쓰레받기를 들고 거미를 쓸어 담아 창문 밖으로 버렸다. 친구의 용기에 눈이 커다래진 아이의 모습이 보인다. 교실에서의 경험이 그대로 시로 표현되었다.

놀이하는 즐거움 가운데서 창의력이 길러진다고 한다. 우리 아이들에게 놀이가 부족하다고들 말한다. 그래서 창의성이 자라나는 즐거운 학교를 만들기 위해 수업을 놀이처럼 즐겁게 만들어보자는 움직임이 일어나고 있다. 노래와 춤과 놀이와 학습이 어우러지는 가운데 시 읽기를 좋아하고 시 쓰기를 즐기는 아이들이 많아지기를 소망한다.

동시 속 내 이야기

『떡볶이 미사일』 김영 동시집 / 눈 감고 그리다 그림 / 푸른책들

아이들을 위한 따뜻한 동시

나는 조용하고 작은 시골집에서 자랐습니다. 봄에는 쑥을 캐고 진달래 꽃잎도 땄어요. 여름이 오면 토란잎으로 우산을 만들어 소낙비를 피하기도 하고 별똥별이 지는 밤하늘을 오래도록 바라보기도 했지요. 가을이 되면 친구들과 텅 빈

들판을 지나 개울에 찾아가서는 물속을 헤집어 미꾸라지를 찾아냈어요. 고드름이 어는 겨울이면 앞집 아이와 칼싸움 놀이를 하며 놀았는데, 그때마다 나는 놀이와 꼭 맞는 말들을 찾아 노래를 지어 부르곤 했답니다. 그때는 잘 몰랐어요. 시골의 소박한 풍경들과 즐겨 불렀던 노랫말들이 동시가 되어 세상에 나오게 될 줄은 말이에요.

- 김영 시인의 말

어, 이건 내 이야기다

주고받음이 한 줄기 바람 같아라

...

정현종 시, 「마음을 버리지 않으면」의 첫 행이다. 바람이 부는 날, 보이지 않는 바람이 주는 삽상한 기분이 선물처럼 느껴져 중얼거리게 되었던 시 구절이다. 하루하루의 삶에서 기분 좋았던 순간을 되돌아보면 선물 아닌 것이 없다.

내 이름이 교과서나 책에 들어있을 때 신기하고 기뻤던 경험이 있는가? 내 이야기가 동시나 동화 속에 들어있다면 얼마나 또 놀랍고 기쁘겠는가?

동시집 『떡볶이 미사일』에는 아이들이 날마다 겪고 있는 이야기들이 들어있다. 기분이 어쩐지 외롭고 속상하고 안타까울 때 왜 그런지 잘 모르고 있다가 동시 한 줄에서 '아하 그랬구나' 하고 깨달아지는 순간, 그 시는 내 이야기가 되고, 나는 시인이 되는 것이다.

나 혼자 길을 걸어갈 때

길가에 덩그러니 놓인

못생긴 작은 돌멩이가 보여요

…

나 혼자일 때

생각나는 게 너무 많아요

보이는 게 너무 많아요

들리는 게 너무 많아요

- 김영, 「나 혼자일 때」 중에서

내가 미처 생각하지 못하고 지나쳤던 일들을 시인의 눈을 통해서 다시 바라보면 생각과 마음이 자란다. 동시를 읽고 각자의 경험을 되살려 내고 서로 이야기를 나눠보자. 동시집 한 권을 선생님과 친구들과 함께 읽고 몸과 말과 글로 표현해보는 과정에서 국어과 성취 기준인 대화의 즐거움을 알고 대화를 나누기, 읽기 경험과 느낌을 다른 사람과 나누는 태도 갖추기, 자신의 마음을 표현하는 글쓰기, 재미나 감동을 느끼며 작품을 즐겨 감상하기 등에 모두들 쉽고 즐겁게 도달할 수 있었다.

아이들이 좋아하는 간식에 떡볶이가 있다. 학교 앞 문방구가 사라지고 쫀드기와 같은 달콤쫄깃한 불량 식품들이 모습을 감춰도 떡볶이집은 성업 중이다. 하얀 가래떡이 들어가 달콤하고 매콤하고 쫄깃하고 새빨개지는 마법이 들어있는 떡볶이야말로 아이들의 친구이다. 그래서 우리 아이들의 이야기가 담겨 있는 28편의 재미있는 동시 중에서 「떡볶이 미사일」이 책 표지가 된 거라고 나는 생각한다.

매콤한 떡볶이가 입에 들어가면 입 안에는 불이 나고 그래서 불자동차처럼 새빨개진 혀가 바삐 돌아다닌다. 입안에 전쟁이 일어났는데 그래도 떡볶이 미사일은 계속 입 안으로 들어오고, 전쟁이 났어도 다치는 사람은 하나도 없는 이 놀랍도록 재미있는 상황을 떡볶이를 잘 만드는 시인이 그려 보여 줄 때 아이들은 이 시를 읽으며 자신이 왜 떡볶이를 그리 좋아하는지 확실히 알게 되어 즐거워진다.

한 시간 안에 다 읽어치울 수 있는 얇은 동시집이다. 그러나 한 주에 한 시간씩 한 달간 천천히 야금야금 먹기로 하고 5차시로 수업을 구성하였다.

📖 책이랑 친구 하기

📖 책 제목과 표지 그림으로 이야기 나누기

- 떡볶이에서 떠오르는 생각은?

- 미사일에서 떠오르는 생각은?

- 떡볶이와 미사일이 합쳐져서 떠오르는 생각은?

📖 『떡볶이 미사일』 책 훑어보기

- 차례에 있는 28편의 동시 제목을 보고 어떤 시일까 생각해 봅시다.
- 어떤 동시가 들어있는지 처음부터 끝까지 훑어봅시다.
- 책 뒤쪽 시인의 말을 읽고 행복한 추억을 이야기해 봅시다.

📖 작가에 대해 알아보기

- 작가의 고향인 달리도를 찾아봅시다.
- 도시 아이와 시골 아이의 생활 모습을 비교해봅시다.
- 김장생은 누구인지 김장생 문학상은 누구에게 주는지 알아봅시다.

📖 마음에 드는 동시 한 편 고르기

- 내 마음에 들어오는 동시 한 편을 골라봅시다.
- 고른 동시가 왜 마음에 들었는지 생각해 봅시다.
- 같은 동시를 고른 친구들끼리 모여서 그 동시를 고른 이유를 나눠봅시다.

동시는 동화와 달리 시 한 편 한 편이 독립되고 완성된 작품이다. 짧지만 그 안에 삶의 경험과 이야기가 녹아들어 있다. 일기를 시로 쓰기 시작하는 아이들이 있는데 짧은 시 안에 자신의 생각을 담을 수 있다는 것을 알아가기 시작하는 것이다. 긴 글을 쓰게 하여 글쓰기의 힘을 기르려고 하는 교사들이 아이들이 시로 쓰는 일기를 게으른 글쓰기로 보지 말아야 할 일이다.

2차시에 본격적으로 동시 읽기를 시작한다. 동시 읽기로 3, 4학년 학생들이 키워야 할 공감 능력을 향상시킬 수 있다. 공감은 같은 경험을 가진 사람들 가운데서 쉽게 일어난다. 여러 편의 동시 중에서 특히 마음에 드는 동시를 골라 뽑는 가운데서 공감이 일어난다. 그래서 같은 동시를 좋아하는 아이들끼리 모여서 이야기 나누기를 먼저 시도해본다.

 ## 책 속으로 들어가기

📖 좋아하는 동시 모둠 만들기

- 좋아하는 동시가 같은 친구끼리 모둠을 만들어 봅시다.
- 동시 제목이나 좋아하는 낱말로 모둠 이름을 지어 봅시다.
- 동시나 그 낱말을 좋아하게 된 까닭을 이야기해 봅시다.

📖 좋아하는 동시를 표정과 몸짓으로 표현하기

- 동시 모둠이 선택한 동시를 함께 낭송합시다.
- 어떤 표정과 몸짓으로 동시를 표현할까 의논해 봅시다.
- 모둠 친구들과 함께 표정과 몸짓으로 표현해봅시다.

📖 표정과 몸짓으로 동시 내용 맞히기

- 친구들의 표정과 몸짓을 보고 동시의 어떤 부분을 표현했는지 알아맞혀 봅시다.
- 특별히 잘 표현한 부분을 칭찬해 줍시다.
- 몸으로 표현한 부분을 다른 말로 바꾸어 말해봅시다.

　공감이 충분히 일어났으면 자신의 경험과 이야기를 동시에 담아보기로 한다. 동시의 제목만 두고 내용을 각자의 이야기로 바꾸는 것이다. 동시 속에 내 이야기 집어넣기를 시도해본다. 모둠 친구들의 경험과 이야기를 묶어서 같은 제목의 연작시로 만들어 동시 속에 담을 이야기를 풍성하게 만들어보는 것이다.

🎨 동시에 내 이야기 넣기

📖 같은 동시 제목으로 내용 바꾸기

- 같은 동시 제목에 내 이야기로 내용을 바꿔 씁시다.
- 모둠 친구들의 이야기 동시를 하나로 모아 봅시다.
- 겹치는 내용을 빼고 이야기 순서를 정해봅시다.

📖 친구들의 이야기 동시-표정과 몸짓으로 내용 맞히기

- 친구들의 이야기 동시를 표정과 몸짓으로 표현해봅시다.
- 친구들의 이야기를 맞춰 봅시다.
- 동시 내용이 맞으면 친구의 동시를 같이 낭송해 줍시다.

📖 모둠 동시에 그림 넣기

- 모둠 동시에 어울리는 그림을 의논해 봅시다.
- 동시와 그림으로 시화를 꾸며 봅시다.
- 교실 뒤 작품판에 붙여 감상하고 감상평을 써 줍시다.

아이들이 동시를 함께 쓰는 것을 즐길까? 아니면 각자 자신의 생각과 경험을 독자적으로 표현하는 것을 즐길까? 시 수업을 하면서 아이들은 빨리 자신만의 시를 완성하고 싶어 했다. 그만큼 아이들 속에는 무언가를 만들어내고자 하는 창조 욕구가 가득하였다. 손으로 만지작거리며 만들기 공작을 좋아하는 것만큼 시를 만들어내는 것도 재미있어하며 즐기는 모습이 참으로 예뻤다.

🧑‍🎨 나를 표현하기

📖 동시로 쓰고 싶은 내 이야기

- 「흔적 남기기」를 함께 낭송합시다.
- 내가 남겨 놓은 흔적을 하나씩 이야기해 봅시다.
- 남기고 싶은 흔적도 하나씩 나눠봅시다.

📖 돌아가며 쓰기로 생각을 모으기

- 서로의 경험과 생각을 돌아가며 써 봅시다.
- 내가 동시로 쓰고 싶은 경험과 생각만 골라봅시다.
- 내 이야기로 동시를 써 봅시다.

📖 나의 시 발표하고 친구들의 감상 듣기

- 내 시를 짝에게 읽어 주세요.
- 짝의 시를 듣고 궁금한 곳이 있으면 물어보세요.
- 고칠 곳이 생각나면 고쳐 쓰세요.
- 나의 작품 발표판에 붙여주세요.

수업 이야기

「나 혼자일 때」로 시작해서 「흔적 남기기」로 마무리되는 동시집 『떡볶이 미사일』을 3학년 아이들과 함께 읽었다. 이 동시집에는 행복한 유년 시절을 보낸 어른이 공부와 어른들의 잔소리에 지쳐 있고, 겨우 텔레비전을 친구로 삼아 춤과 노래로 마음을 달래고 있는 아이들의 마음을 읽어 주고 위로해 주는 따뜻한 공감의 동시가 28편 실려 있다.

「나 혼자일 때」를 함께 읽으면서 혼자일 때 보이는 것과 들리는 것이 얼마나 많은지 확인하며 그동안 느꼈던 혼자 있을 때의 외로움과 쓸쓸함 따위는 다 잊어버리고 이제는 혼자 있어 보고 싶어 했다. 「받아쓰기 나빠요」를 읽으면서 마음속에 담아두었던 시험 시간의 나쁜 기억들과 놀다가 혼나서 속상했던 기억들을 날려 보냈다. 「내 이름은 댄서 짱」을 읽을 때는 남자아이 몇이 스스럼없이 앞에 나와서 춤 솜씨를 보여 주었다.

「흥부네 놀부네」를 읽고 나서는, "어, 흥부네 덕에 놀부네가 부자가 되네." 하더니 "이제는 틀렸다. 흥부네가 애기를 안 난대." 한다. 그리고는 흥부네 놀부네 이야기를 다시 썼다.

흥부네 산부인과가 문을 닫으면
놀부네 식당도 손님이 뜸해지고
아이들을 낳지 않으면
지구가 없어질지도 모를 거야

학교 도서실에서 주관하는 작가 선생님 초청 강연 때 김영 작가님을 모셨다. 강아지 우산이 그려진 티셔츠를 입고 「강아지 우산」 동시를 읽어 주시는 작가 선생님을 본 아이들은 돌아보지도 않던 잃어버린 학용품을 찾으러 교실을 돌아다니며 '지우개 나와라, 오버.' '몽당연필 나와라, 오버.'를 외쳤다.

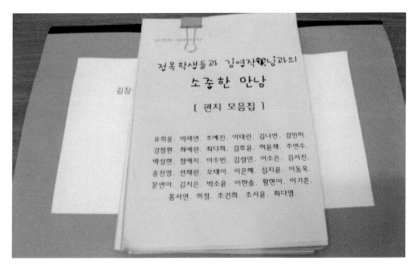

작가의 마음을 뭉클하게 한 작가에게 보내는 편지 모음

줄줄이 사탕처럼 이어지는 '김영 작가님 질문 있어요.'

2014년 세월호 침몰 뉴스가 매일 되풀이되는 중에 김영 동시 「옆집 아이」를 내 이야기로 바꿔 쓰기를 하였다.

남자아이가 세월호 뉴스를 보며 우는 자기 엄마의 이야기를 내 이야기 시로 바꿔 쓸 때, 여자아이는 옆집 아이보다 조금 더 잘 나가는 자기 딸을 자랑하는 바보 엄마 이야기 끝에 '너무 미안하다….'라고 썼다. 아이들이 지은 시를 보고 아이들의 마음이 어른보다 더 깊어서 눈물이 났다.

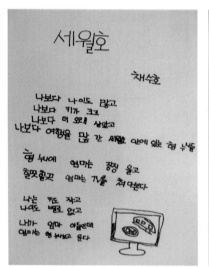

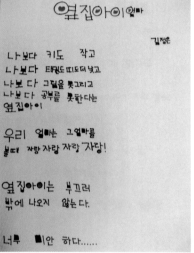

아이들에게는 공부가 밥이고 일이다. 그래서 공부 때문에 힘들고 괴롭다고 한다. 아이들에게 공부를 왜 하느냐고 물어보았다. 답은 엄마를 위해서란다. 엄마와 선생님은 아이들을 위해서 공부하라고 하는데…. 공부 뒤에는 시험이 따라오고 시험이 괴로운 아이들이 '엄마들의 시험 시간' 동시를

읽고 나서 선생님과 엄마들에게 시험을 보게 하고 성적표를 내주고 싶어
했다.

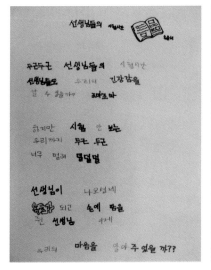

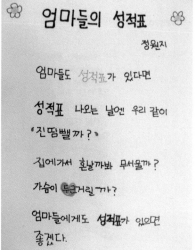

시험을 치르며 덜덜 떠는 선생님, 성적표 받는 날 두근두근 진땀 빼는 엄
마들의 모습을 상상하며 아이들은 시험 걱정을 다 잊고 마냥 즐거워했다.

3

동시가 냠냠

『어이없는 놈』『커다란 빵 생각』 김개미 시 / 오정택 그림 / 문학동네

김개미 시인의 어릴 적 모습은 까맣고, 마르고, 키가 작았다고 한다. 소심하고 말수가 적어서 친구들로부터 개미라는 별명을 얻었고 그때부터 불리던 개미라는 별명을 필명으로 썼다고 한다. 김개미 시인의 동시는 재미있고 시 안에 아이의 마음이 보인다.

『엄마의 법칙』 김륭 시 / 노인경 그림 / 문학동네
『별에 다녀오겠습니다』 김륭 시 / 방현일 그림 / 창비

김륭 시인의 시는 제목부터 독특하다. 『프라이팬을 타고 가는 도둑고양이』나 『삐뽀삐뽀 눈물이 달려온다』 같은 동시집 속에는 울퉁불퉁 아이들의 이야기가 들어있다. 동시가 아이들에게 줄 수 있는 유일한 힘은 공감의 힘이라고 시인은 생각한다.

동시가 어려워요

4학년 아이들에게 동시집으로 독서 수업을 하려고 동시에 대한 생각을 물으니 재미없고 어렵다는 답이 돌아왔다. 왜일까?

왜일까를 곰곰 생각하는 중에 궁궐 지킴이로 격주 토요일마다 창경궁 안내 봉사활동을 하는 수석 교사 한 분이 영릉과 녕릉을 아느냐고 물어왔다. 여주 영릉은 가봤으나 녕릉은 못 가봤으니 모른다고 답할 수밖에 없었다. 세종대왕릉인 영릉과 효종대왕릉인 녕릉은 왕의 숲길 700m를 사이에 두고 여주시 능서면 영릉로에 여주 영릉과 녕릉으로 사적 지정이 되어 있으나 안내하여 주는 이가 없어서 세종대왕릉인 영릉만 둘러보고 왔을 뿐이다. 그이가 왕릉을 제대로 보려면 녕릉을 꼭 보고 와야 한다고 안내를 해 주었다.

그렇다면? 동시가 어려운 이유가 동시 안내가 제대로 이루어지지 않은 탓이 아닐까? 그래서 다시 물어보았다. 동시 하면 떠오르는 생각을 말해 줄래?

- 영화 '동주'와 '별 헤는 밤'이 생각나요.
- 선생님과 함께 읽은 방귀와 떡볶이 미사일 책이요.
- 어린이집에서 동시를 외웠어요.
- 안 좋은 일을 잊게 해 주어요.
- 바람이 불어오는 모습을 보여 주었어요.
- 자기 생각을 노래로 말할 수 있어요.
- 감정과 생각 표현이 잘 되어 나도 쓰고 싶어요.
- 지루한 국어책이 생각나요.

'아하, 동시가 어려운 이유는 국어 시간에 학습하는 지루한 공부로 만났고 마음으로 즐겁게 만나지 못했기 때문이구나.'라는 결론을 내렸다.

"동시를 맛있게 읽고 즐길 수 있으려면 아이들의 경험과 동시가 만나서, '저거 내 이야기네.'라는 공감을 불러일으켜야 하겠구나."

그렇다면 동시 읽기 수업의 계획은 동시로 국어 학습 능력을 키우기보다는 동시로 친구들과 서로 공감하고 마음을 여는 감성 수업으로 준비하여야겠다. 그렇지, 아이들이 이미 동시의 맛을 알고 있으니 안내를 잘하면 될 거야. 동시 수업을 준비하는 나의 마음이 이랬다.

동시집 고르기

독서 수업의 시작은 아이들이 '이 책을 읽고 싶어' 하는 적절한 책의 선정에서부터다. 현재 서울의 각 초등학교는 학년별 권장도서로 채워진 윤독 도서를 확보하고 있다. 학교에 따라 다르지만 4종의 책을 7권씩, 혹은 6종의 책을 4~5권씩 한 바구니에 담아 한 주 간격 혹은 두 주 간격으로 반을 돌려가며 읽게 하고 있다.

하지만 바구니에 담긴 윤독 도서를 깊이 있게 읽는 학생은 많지 않다. 학년이 끝나갈 무렵에 "올해 읽은 책은 어떤 거니?" 하고 물어보면 대부분이 윤독 도서의 제목조차 기억하지 못하고 있다. 스스로 읽고 싶은 책을 선택하지도 않았고, 독서의욕이 일어나지 않은 채로 책들이 회전초밥 돌아가듯이 각 반을 순차적으로 돌았기 때문이다.

한 학기 한 권 읽기 독서 단원 첫째 시간에 할 일은 아이들과 천천히 깊게 함께 읽을 책을 정하는 일이다. 아이들의 눈높이에 맞춰 책을 선정한다고 하더라도 교사의 교육목적이 없이 학생들의 흥미만으로 책을 선정할 수는 없다. 책의 선정은 교사의 몫이고 책의 선택은 학생의 몫이라는 생각을 하였다. 출판된 지 오래되어 고전이 되어버린 동시집보다는 학생들의 감각을 새롭게 해 줄 상상력이 톡톡 튀며 근간에 출판된 동시집을 찾다가 4학년 학생들의 이야기와 생활이 들어있는 동시집 네 권을 골랐다. 제1회 문학동네 동시문학상 대상을 받은 김개미 시인의 동시집 『어이없는 놈』과 『커다란 빵 생각』, 제2회 문학동네 동시문학상 대상을 받은 김륭 시인의 『엄마의 법칙』과 『별에 다녀오겠습니다』였다.

독서활동이 개인의 경험을 넓히고 독해능력을 신장시키는 데에서 나아가 다른 사람들과 공감을 통해 소통하고 참여하며 서로 간에 존중과 배려심을 길러 민주사회 시민으로서 성장하도록 돕는 효과적인 방법이 될 수 있다. 무엇보다 함께하는 독서활동으로 읽기 경험과 느낌을 다른 사람과 나누는 태도를 형성할 수 있다면 갈수록 혼자 살아가야만 하는 세상에서 협력적 인성으로 더불어 살아갈 힘을 독서를 통해서 키우게 될 수 있을 것이라고 생각한다.

독서를 통해 미래 사회가 요구하는 인문학적 상상력과 창의력, 또한 바른 인성을 키우며 아울러 문학작품을 친구들과 함께 감상함으로써 재미나 감동을 느끼며 더불어 공감할 수 있는 미적 감각을 익히게 된다면, 삶이 좀 더 아름다워지고 풍성해질 수 있지 않을까 기대하는 마음이 독서 수업을 준비하고 기다리게 한다.

도서실 사서 교사를 통해 네 종류의 서로 다른 동시집을 4학년 윤독 도서로 8권씩 구매 요청을 하였다. 4인 한 모둠에서 네 종류의 동시집을 각각 한 권씩 받아 모둠원이 돌려가며 훑어 읽기를 한 후 마음에 드는 시가 많이 들어있는 시집을 각자 고르도록 할 계획이었다. 그리고 각자 선택한 네 권의 동시집 중에서 모둠이 함께 집중해서 읽어 나갈 책을 정하는 토의 토론을 준비하였다. 이때 사용할 토의 토론 기법으로는 최선의 선택을 위한 피라미드식 토의 토론을 적용하기로 하였다.

의외로 초등학교 교실에는 선택을 잘하지 못하는 아이들이 많이 있다.

호기심과 의욕을 북돋우기 위해 "네 마음에 드는 것을 선택해서 해봐라." 하고 말했다가 한 시간 내내 선택을 하지 못하고 진땀을 흘리는 아이를 보았을 때의 안타까움이란….

여러 권의 책 중에서 자신의 마음에 가장 들어서 읽고 싶은 책을 스스로 골라보게 하는 일이 선택 장애를 극복해나가는 과정 연습이 될 수 있지 않을까? 동시집을 천천히 깊게 읽고 작가와 친구들과 내가 공감을 나누는 시간을 가지기 위해 함께 읽을 책을 정하여 읽을 수 있는 선택의 힘을 길러주는 것으로부터 독서 수업은 시작되었다.

동시집 함께 읽기 수업의 흐름

동시집은 동화책처럼 이야기가 연결되는 책이 아니라 여러 편이 하나하나 완성된 작품으로 다양하게 모여 있으니 요리로 치면 뷔페 요리라고 볼 수 있겠다. 그래서 수업을 뷔페 식사처럼 다음의 6단계로 구성했다.

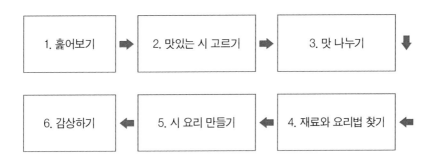

첫째 시간, 네 권의 동시집에서 책의 제목으로 쓰인 시 한 편씩 골라 '제목만으로 생각 떠올리기'를 하였다.

「어이없는 놈」은 어떤 어이없는 일을 했을까?

동시 제목이 주는 힘이 얼마나 큰 걸까? '어이없는 놈'이라는 제목만으로도 아이들은 그동안 자신이 겪었던 어이없었던 일들을 친구들과 끝도 없이 나누며 지난 경험을 즐기는 모습이라니? 한바탕 이야기꽃을 피워 올리고 나니 지나간 모든 어이없었던 일들이 다 용서되는 순간을 맞이하게 되었고 앞으로 올 어이없는 일들도 화내지 않고 웃어넘길 힘이 생기는 듯하였다.

「커다란 빵 생각」은 빵의 생각일까, 빵을 생각하는 걸까?

빵을 좋아하는 아이들이 모두 동시 제목만으로 무한 배고픔을 느끼고 '배고파요'를 연발하며 침을 꼴딱 삼켰다. 커다란 빵을 더 크게 만드는 상상만으로 엄청난 포만감을 즐겼으며 생각으로 배를 불린 후에는 곧바로 '커다란 똥 생각'으로 넘어갔다.

「엄마의 법칙」은 어떤 법칙일까?

김륭 시인의 시 중에는 좀 어려운 철학이 들어있는 시들이 있었다. 「엄마의 법칙」도 그런 시 중의 하나였다. 그러나 아이들은 '정글의 법칙'을 가장 먼저 떠올렸고 '아빠의 법칙'과 '형제의 법칙'으로 넘어갔다. 이어서 '게임의 법칙', '싸움의 법칙', '지우개 따먹기 법칙' 등 자신들이 경험하며 만들고 세워가는 법칙들로 생각을 끝없이 펼쳐나갔다.

「별에 다녀오겠습니다」는 어떤 별에 왜 다녀오겠다는 걸까?

처음에는 '별'보다는 '다녀오겠습니다'라는 말에 꽂혔다. 그래서, '화장실에 다녀오겠습니다', '집에 다녀오겠습니다', '오락실에 다녀오겠습니다', '놀이터에 다녀오겠습니다'로 시작하던 아이들은 자신들이 자주 갔었고 또 가고 싶은 곳을 말하다가 그곳에 별을 붙이기 시작하였다. 별 볼 일 없다고 생각했던 곳들에 별이라는 단어를 붙이자 모든 곳이 별이 되어 반짝이는 상상력의 힘을 펼칠 수 있게 되었다.

 ## 둘째 시간, 모둠독서용 동시집 선택을 하였다.

각 모둠에서 네 권의 각기 다른 동시집을 가져다 서로 돌려보며 네 사람이 함께 읽을 책 고르기를 하였다. 어떤 책을 고를 것인지 토의할 때에는 개인의 읽기 경험을 다른 사람들과 나누기 위한 협력 수업 방법의 하나인 '돌아가며 말하기'와 '피라미드식 토의 토론' 방법을 적용하였다. 읽을 책을 고를 때부터 학생들과 함께하는 일은 독서에 흥미와 자발성을 키워주는 데 큰 효과가 있었다. 아이들은 대부분 자신이 고른 책을 먼저 읽고 싶어 하였다.

 ## 셋째와 넷째 시간, 모둠 4인이 함께 같은 책을 읽으며 모두가 공감이 가는 시 한 편을 뽑고 생각 키우기를 하였다.

모둠 4인이 공감하는 시 한 편을 고르고 그 시의 소재나 주제어를 중심에 두고 떠오르는 단어들을 적은 후에 브레인라이팅으로 공책을 돌려가며 생각을 덧붙여 키워나가기를 하였다. 생각을 다양하고 넓게 펼치기 위해 모둠원 각자가 떠올린 생각 중에 같은 단어가 있으면 다른 것으로 바꿔보게 하였다. 이어서 주제어와 이어지는 생각들을 그림으로 그리고 이야기를 나누었다.

반딧불이	별 세기	야영장
양떼	여름밤	맛있겠다
빗소리	왜앵?	폭풍우

다섯째 여섯째 시간, 국어과 수업의 완성은 수업을 통해 길어 올린 지식과 생각들을 글로 쓰기다.

모든 학습의 마무리는 자신의 생각을 말과 글로 정리해 내는 일이다. 그래서 마무리 수업으로 함께하는 동시 쓰기를 하였다. 세 번째 시간에 선택했던 주제어와 이어지는 생각들을 그림으로 그린 것을 친구들에게 보여주고 친구들의 생각을 들어보게 하였다. 모둠 친구들의 생각과 자신의 생각을 모아서 시 쓰기의 재료를 풍성하게 준비한 후 시 요리를 만들어 친구들에게 들려주고 맛보게 하고 감상평을 받도록 하여 시 요리 만들기와 시 요리 맛보기의 즐거움을 함께할 수 있게 하였다.

친구들과 생각 나누기를 통해 자신의 생각을 부풀리는 데에는 빵 반죽을 발효시키듯 충분한 시간이 필요하다. 이 시간을 기다리지 못하고 반죽이 부풀기도 전에 빨리 시를 쓰고 싶어 하는 조급증을 보이는 아이들이 있었다. 벌써 시로 표현해보고 싶은 생각이 머리에 가득 찬 듯 서둘러 시를 만들어 자랑하듯 들고 나오는 아이들도 있었다.

요리하다 보면 꼭 넣어야 하는 요리재료 중 빠뜨린 것이 있듯이 시 쓰기를 할 때도 마음속에 생각은 있는데 미처 글로 표현하지 못한 부분이 있다. 교사가 볼 때 생략되어 논리가 끊어지는 부분이 있는 경우에는 어떤 생각이 다 나오지 않고 숨어 있는지 물어보고 아이가 대답한 내용을 시에 보충해 오도록 하면 시의 완성도가 높아진다.

실제 수업에서 아이들은 이해하기 쉽고 재미있는 말이 많이 들어있는 시집을 선호하였다. 4인 모둠이 함께 읽을 책으로 선택한 동시집은 김개미 시인의 『어이없는 놈』과 『커다란 빵 생각』이 김륭 시인의 『엄마의 법칙』과 『별에 다녀오겠습니다』보다 많았다. 동시 안에 어른들이 아이들에게 깨우쳐주고 싶은 교훈과 철학을 넣어주기보다는 아이들의 생활과 이야기가 더 많이 들어가야 할 이유가 드러났다.

 ## 학습의 과정과 평가 시간, 독서 수업 평가 학습지에 아이들은 이렇게 썼다.

📖 내가 고른 동시와 동시집에 대한 생각 쓰기

책머리에서 공감되는 문장	그러니까 이번 동시집은 안경을 쓰면 원숭이가 되는 우리 집 고양이 쿠티가 여러분에게 드리는 우화인지 모릅니다.
차례에서 고른 동시 제목	우리 집 왕위 쟁탈전, 1초, 시간의 얼굴
내가 고른 시 한 편과 이유	1초-1초의 긴장감이 내 경험과 같아서
이 동시집이 좋은 이유	다양한 주제로 시를 읽으니까 마음이 이랬다저랬다 하는 게 재미있다.

📖 피라미드식 토의 토론: 함께 읽을 동시집 정하기

커다란 빵 생각		

엄마의 법칙	2 : 2 토론	커다란 빵 생각

엄마의 법칙	별에 다녀오겠습니다	어이없는 놈	커다란 빵 생각

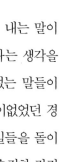

수업 이야기

  아이들은 동시 수업을 하면서 참 즐거워하였다. 동시는 흉내 내는 말이나 반복되는 말을 넣어 아름답게 써야 하는데 나는 잘 안 된다는 생각을 하고 있다가 유명 시인이 쓴 동시에 생각지도 못한 어처구니없는 말들이 들어있는 것을 보고 마음껏 웃고 떠들었다. 자신이 벌였던 어이없었던 경험을 드러내고 낄낄대다가 또 자신이 당했던 어처구니없었던 일들을 돌이켜보며 한바탕 웃는 동안에 답답했던 마음들이 풀려 나왔다. 솔직한 감정들을 말로 표현하며 창의력이 팍팍 솟는다며 몇 명의 아이들은 마치 시인이 된 양 팔짱을 끼고 턱을 문지르며 시인 흉내를 내기도 하였다.

  동시 수업시간 내내 교실 안을 돌아다니며 친구들을 귀찮게 하고 나를 곤란하게 하던 △△이가 마지막 시간에,

"이번 시간이 끝이야, 다음 시간에는 난 안 올 거야."

"왜요? 어디로 가요? 전화번호를 주세요."

"넌 시 안 쓸 거잖아."

했더니 금방 들어가 시 한 편을 뚝딱 써 왔다. 두 줄 시였다.

내 동생

내 동생은 내가 웃을 때마다 운다

내가 아무리 말려도 그치지 않는다

시에 생략된 이야기가 많이 보였다. 아이의 모습이 다 드러나지 않아서 시의 행간에 논리가 서지 않는다. 그래서 이야기를 꺼내야겠다고 생각하고 질문하기를 시작했다.

- 동생이 어떻게 우는데?
- 후두둑 후두둑 울어요.
- 그 말이 들어가면 동생 우는 모습이 실감나겠다.
- 알았어요. 썼어요.
- 근데 네가 웃는데 동생은 왜 우는데?
- 왜냐하면… 내 속셈을 알고 있기 때문이죠.
- 그렇구나. 그것도 쓰면 동생이 왜 우는지 다 알겠다.
- 여기 썼어요.
- 네 속셈이 뭔데? 나는 그게 궁금해.
- 그것도 쓸게요.

그 애가 완성해 가지고 온 시는 이렇다.

내 동생

내 동생은 내가 웃을 때마다 운다
후두둑 후두둑

내가 아무리 말려도 그치지 않는다
왜냐하면…
내 속셈을 알고 있기 때문이다

내 속셈은
웃기기이다

그리고
장난치기이다

　함께하는 독서, 함께하는 글쓰기로 학생들의 생각이 혼자서 공부할 때보다 더욱 풍성해질 수 있었다. 아울러 즐겁게 공부하며 다양하고 창의적인 작품을 쓸 수 있도록 하는 자발적이며 흥미와 집중도가 높은 종합적인 국어교육이 시 읽기, 시 쓰기를 통한 집중 독서 교육으로 이뤄질 수 있다는 가능성을 확인하게 되었다.

시 요리를 먹었으니 시로 배설도 해야겠다. 독서 수업의 완성은 글쓰기에 있다. 많이 읽은 후에는 저절로 글을 쓰고자 하는 마음이 일어나게 된다. 『커다란 빵 생각』을 읽은 후에 아이들의 생각은 발음이 비슷한 '커다란 똥 생각'으로 이어졌다.

우리 형의 커다란 똥 생각

오△△

우리 형은 매일
똥똥똥똥 똥똥똥똥
밥 먹을 때도
똥똥똥똥
노래도
똥똥똥똥

우리 형의 똥 생각은
얼마나 커다란지
하루도 빠짐없이
똥똥똥똥

나는 형이
밥 먹을 때만 안 하면 좋겠다

그러면 형은 더
똥똥똥똥 똥똥똥똥

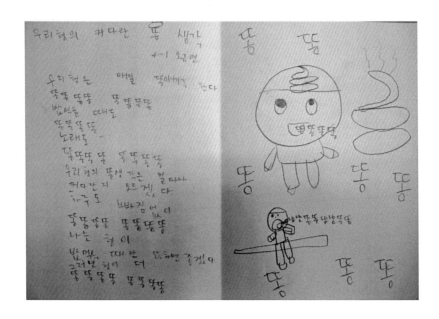

　김륭 시인의 동시 「엄마의 법칙」에는 모든 생물에게 엄마가 있어서 생태계가 유지된다는 심오한 철학이 들어있으나 아이들은 작가가 전하고 싶은 생각을 다 이해하지 못하고 자신이 경험한 세계만큼만 생각하고 받아들인다. 그래도 아이다운 경험과 생각에서 나오는 「다툼의 법칙」은 시인이 길어 올린 「엄마의 법칙」만큼이나 심오하고 아름답다.

다툼의 법칙

김○○

친구가 때리면

나도 다시 때리고

친구는 또다시 때리네

나는 백 스텝으로 피하고

네가 먼저 했잖아

아니 네가 먼저 했잖아

계속 다투다 보면

우정이 회복된다

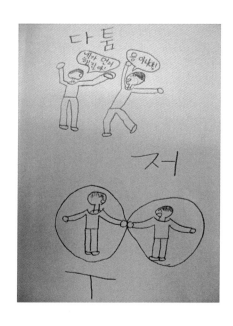

부록

학년별 권장도서

1학년 권장도서

순	도서명	지은이	순	도서명	지은이
1	가족은 꼬옥 안아 주는 거야	박윤경	29	싸움에 관한 위대한 책	다비드 칼리/세르주블로크
2	강아지똥	권정생	30	악어오리 구지구지	천즈위엔
3	개구리가 알을 낳았어	이성실	31	알사탕	백희나
4	거미 아난시	제럴드 맥더멋	32	어떤 목욕탕이 좋아	스즈키 노리타케
5	고릴라	앤서니 브라운	33	엄마 까투리	권정생
6	괴물들이 사는 나라	모리스 샌닥	34	엄마 마중	이태준
7	깃털 없는 기러기 보르카	존 버닝햄	35	엄마가 알을 낳았대	배빗 콜
8	까막나라에서 온 삽사리	정승각	36	이게 정말 나일까	요시다케 신스케
9	나무는 참 좋다	바바라 레이드	37	이야기보따리를 훔친 호랑이	김하루
10	낱말공장 나라	아네스 드 레스트라드	38	이야기 주머니 이야기	이억배
11	눈사람 아저씨	레이먼드 브릭스	39	으뜸 헤엄이	레오 리오니
12	눈 오는 날	에즈라 잭 키츠	40	입이 똥꼬에게	박경효
13	달 사람	토미 웅거러	41	작은 집 이야기	버지니아 리 버튼
14	도깨비 방망이	정차준	42	장수탕 선녀님	백희나
15	도깨비를 빨아버린 우리 엄마	사토 와키코	43	지각대장 존	존 버닝햄
16	도서관에 간 사자	미셸 누드슨	44	지구를 굴리는 곰 이야기	주영삼
17	돼지 책	앤서니 브라운	45	진짜 친구	구스노키 시게노리
18	똥 떡	이춘희	46	책 먹는 여우	프란체스카 비어만
19	띵똥 901호 아저씨	이욱재	47	치과의사 드소토 선생님	윌리엄 스타이그
20	망태 할아버지가 온다	박연철	48	칠판 앞에 나가기 싫어	다니엘 포세트
21	멋진 뼈다귀	윌리엄 스타이그	49	태양으로 날아간 화살	제럴드 맥더멋
22	무지개 물고기	마르쿠스 피스터	50	테푸 할아버지의 요술테이프	박은경
23	부엉이와 보름달	제인 욜런	51	틀려도 괜찮아	마키타 신지
24	새똥과 전쟁	에릭 바튀	52	팥죽 할머니와 호랑이	조대인
25	세밀화로 보는 곤충의 생활	권혁도	53	폭풍우 치는 밤에	기무라 유이치
26	세상에서 가장 큰 케이크	안영은	54	호랑이 잡는 기왓장	서정오
27	세상에서 가장 힘이 센 말	이현정	55	호랑이와 곶감	위기철
28	손 큰 할머니의 만두 만들기	채인선	56	훨훨 간다	권정생

2학년 권장도서

순	도서명	지은이	순	도서명	지은이
1	가방 들어 주는 아이	고정욱	28	바보 1단	김영주
2	개구리네 한솥밥	백석	29	박뛰엄이 노는 법	김기정
3	개구리와 두꺼비가 함께	아놀드 노벨	30	박박 바가지	서정오
4	갯벌이 좋아요	유애로	31	반쪽이	이미애/이억배
5	거짓말 같은 이야기	강경수	32	부릉이의 시간여행	에릭 바튀
6	곰 인형 오토	토미 웅거러	33	센지와 빵집 주인	코키 폴
7	금붕어 두 마리와 아빠를 바꾼 날	닐 게이먼	34	숲 속으로	앤서니 브라운
8	길아저씨 손아저씨	권정생	35	아기 돼지 세 마리	데이비드 위즈너
9	까막눈 삼디기	원유순	36	어슬렁어슬렁 동네 관찰기	이해정
10	까만 나라 노란 추장	강무홍	37	어처구니 이야기	박연철
11	꺼벙이 억수	윤수천	38	엄마는 해고야	레이첼 플린
12	꿀벌나무	페트리샤 폴라코	39	엄마의 의자	베라 윌리엄스
13	꿈을 나르는 책 아주머니	데이비드 스몰	40	엉뚱이 소피의 못 말리는 패션	수지 모건스턴
14	나쁜 어린이표	황선미	41	에밀은 사고뭉치	아스트리드 린드그렌
15	넌 누구야?	황선미	42	여섯 개의 점	젠 브라이언트
16	노란 양동이	모리야마 미야코	43	여우의 전화박스	도다 가즈요
17	누군 누구야 도깨비지	조호상	44	열두 띠 이야기	정하섭
18	당나귀 실베스터와 요술조약돌	윌리엄 스타이그	45	오줌 멀리 싸기 시합	장수경
19	도서관 아이	채인선	46	우리 집에 온 마고할미	유은실
20	도서관에 가지 마 절대로	이오인 골퍼	47	적	다비드 칼리
21	돌멩이 수프	마샤 브라운	48	책 먹는 여우와 이야기 도둑	프란체스카비어만
22	똥이 어디로 갔을까	이상권	49	책 읽기 싫은 사람 모두 모여라	프랑스와즈 브셰
23	리디아의 정원	데이비드 스몰	50	캡틴 쿠스토	제니퍼 번
24	마법의 설탕 두 조각	미하엘 엔데	51	풍선바이러스	이용포
25	만복이네 떡집	김리리	52	프레드릭	레오 리오니
26	멍청한 두덕씨와 왕도둑	김기정	53	빙하기라도 괜찮아	이현
27	멋진 여우씨	로알드 달	54	하멜른의 피리 부는 사나이	케이트 그린어웨이

3학년 권장도서

순	도서명	지은이	순	도서명	지은이
1	강물이 흘러가도록	바바라 쿠니	29	아주 작은 학교	이금이
2	갯벌에 뭐가 사나 볼래요	도토리	30	아주 특별한 요리책	한성옥
3	까닥선생 정약용	김기정	31	애벌레가 애벌레를 먹어요	이상권
4	그런데요 생태계가 뭐예요	김성화, 권수진	32	양파의 왕따일기 2	문선이
5	그림 도둑 준모	오승희	33	얼굴 빨개지는 아이	장 자끄 상뻬
6	나귀방귀	서정오	34	엄마사용법	김성진
7	나보다 작은 형	임정진	35	우리가족을 도운 도둑	박향희
8	나비 박사 석주명	박상률	36	우리 엄마는 여자 블랑카	원유순
9	내 이름은 삐삐 롱 스타킹	아스트리드 린드그렌	37	일기 감추는 날	황선미
10	내 짝꿍 최영대	채인선	38	잭키마론과 악당 황금손	프란키스카비어만
11	내 친구가 마녀래요	코닉스버그	39	조커, 학교 가기 싫을 때 쓰는 카드	수지 모건스턴
12	다자구야 들자구야 할머니	송언	40	종이밥	김중미
13	도들마루의 깨비	이금이	41	종이 봉지 공주	로버트 문치
14	동강의 아이들	김재홍	42	짜장 짬뽕 탕수육	김영주
15	또 도령 업고 세 고개	임어진	43	짱뚱이네집 똥 황토	오진희
16	마두의 말씨앗	문선이	44	책으로 전쟁을 멈춘 남작	질바움/ 티에리드되
17	마법의 글짓기	수지 모건스턴	45	천원은 너무해	전은지
18	무서운 호랑이들의 가슴 찡한 이야기	이미애	46	철가방을 든 독갭이	안미란
19	바나나가 뭐예유	김기정	47	초대받은 아이들	황선미
20	밤티마을 큰돌이네 집	이금이	48	치킨마스크	우쓰기 미호
21	북극곰도 모르는 북극 이야기	박지환	49	파브르 곤충기	앙리파브르
22	블룸카의 일기	이보나흐미엘레프스카	50	플랜더스의 개	위다
23	삼백이의 칠일장 1	천효정	51	피양랭면집 명옥이	원유순
24	새끼개	박기범	52	하룻밤	이금이
25	서로 달라서 더 아름다운 세상	노지영, 서지원	53	학교에 간 사자	필리파 피어스
26	숨 쉬는 도시 꾸리찌바	안순혜	54	화요일의 두꺼비	러셀 에릭슨
27	아모스와 보리스	윌리엄 스타이그	55	화장실에서 3년	조성자
28	아빠에게 돌 던지는 아이	고정욱	56	행복한 청소부	모니카 페트

4학년 권장도서

순	도서명	지은이	순	도서명	지은이
1	고양이와 통한 날	이안	27	아름다운 아이	팔라시오
2	과수원을 점령하라	황선미	28	아저씨 진짜 변호사 맞아요	천효정
3	굿모닝, 굿모닝?	한정영	29	아주 특별한 우리형	고정욱
4	금두껍의 첫수업	김기정	30	야쿠바와 사자	티에리 드되
5	기호 3번 안석뽕	진형민	31	아하 자연에서 찾은 비밀	조경구
6	껄껄선생 여행기	김기정	32	어미개	박기범
7	나무를 심은 사람	장 지오노	33	여자는 힘이 세다	유영소
8	나의 린드그렌 선생님	유은실	34	오세암	정채봉
9	딱 하루만 더 아프고 싶다	정연철	35	우리 누나	오카 슈조
10	너만의 냄새	안미란	36	우리가족입니다	이혜란
11	놀면서 배우는 세계 축제	유경숙	37	우리의 유네스코 세계유산	권동화
12	똘배가 보고 온 달나라	권정생 외	38	잘못 뽑은 반장	이은재
13	라스무스와 방랑자	아스트리드 린드그렌	39	전교 네 명 머시기가 간다	김해등
14	로봇이 왔다	한혜영	40	젓가락 달인	유타루
15	만년샤쓰	방정환	41	조선의 여걸 박씨 부인	정출헌
16	멀쩡한 이유정	유은실	42	진짜 도둑	윌리엄 스타이그
17	모네의 정원에서	크리스티나비외르크	43	천사들의 행진	강무홍
18	받은 편지함	남찬숙	44	첨벙첨벙 물길 따라 물고기 따라	이상권
19	비밀의 화원	버넷	45	초정리 편지	배유안
20	새를 보면 나도 날고 싶어	이상권	46	칠판에 딱 붙은 아이들	최은옥
21	생명의 역사	버지니아 리 버튼	47	키다리 아저씨	진 웹스터
22	샬롯의 거미줄	엘윈 브룩스 화이트	48	평화는 어디에서 오나요	구드룬 파우제방
23	세상을 바꾼 위대한 책벌레들	김문태	49	프린들 주세요	앤드루 클레먼츠
24	수호의 하얀 말	아키바수에키치	50	홍길동전	허균
25	시튼 동물기	시튼	51	학교 가기 싫은 아이들이 다니는 학교	송미경
26	용감한 닭과 초록행성 외계인	앤 파인	52	어이없는 놈	김개미

5학년 권장도서

순	도서명	지은이	순	도서명	지은이
1	갈매기에게 나는 법을 가르쳐준 고양이	루이스 세뿔베다	27	서찰 전하는 아이	한윤섭
2	고래섬의 숨겨진 비밀을 찾아라	김선희	28	소리질러 운동장	진형민
3	과학자와 놀자	김성화 외	29	스갱아저씨의 염소	알퐁스 도데/에릭 바튀
4	근데 너 왜 울어	신경림 외	30	시간가게	이나영
5	길고양이 방석	박효미	31	아프리카의 옥수수 추장	조호상
6	길모퉁이 행운돼지	김종렬	32	양반전 외	박지원
7	꼴뚜기	진형민	33	어린이와 청소년을 위한 난중일기	이순신/박지숙
8	꽃들에게 희망을	트리나폴러스	34	엄마는 파업 중	김희숙
9	나는야 늦은 5학년	조경숙	35	영모가 사라졌다	공지희
10	나니아 연대기	C.S. 루이스	36	우리 동네 전설은	한윤섭
11	날 좀 내버려둬	박현경 외	37	위대한 영혼 간디	이옥순
12	넌 아름다운 친구야	원유순	38	자존심	김남중
13	달님은 알지요	김향이	39	작가가 되고 싶어	앤드루 클레먼츠
14	루이 브라이	데이비드 에들러	40	주시경	김학선
15	마당을 나온 암탉	황선미	41	짜장면 불어요	이현
16	몽실언니	권정생	42	천재화가 이중섭과 아이들	강원희
17	무기 팔지 마세요	위기철	43	커피우유와 소보로빵	카롤린 필립스
18	별똥별 아줌마가 들려주는 우주이야기	이지유	44	톰 아저씨의 오두막집	해리엇 비처 스토
19	복수의 여신	송미경	45	트리갭의 샘물	나탈리 베비트
20	빨주노초파남보 똥	김기정 외	46	파브르 식물 이야기	장 앙리 파브르
21	사금파리 한 조각	린다수 박	47	피카소가 모나리자를 그린다면	표트르 바르소니
22	사라 버스를 타다	윌리엄 밀러	48	하늘을 나는 교실	에리히 캐스터너
23	산적의 딸 로냐	아스트리드 린드그렌	49	하이디	요한나 슈피리
24	상계동 아이들	노경실	50	한국사 편지1	박은봉
25	수일이와 수일이	권사우	51	한밤중 톰의 정원에서	필리퍼 피어스
26	씨앗을 지키는 사람들	안미란	52	할머니의 레시피	이미애

6학년 권장도서

순	도서명	지은이	순	도서명	지은이
1	1등 했는데 왜 훌륭한 사람이 아니에요?	조경구	28	블루시아의 가위 바위 보	김중미 외
2	걱정쟁이 열세 살	최나미	29	빨간머리 앤	몽고메리
3	고릴라는 핸드폰을 미워해	박경화	30	사람은 무엇으로 사는가	톨스토이
4	괭이부리말 아이들	김중미	31	사자왕 형제의 모험	아스트리드 린드그렌
5	그 고래 번개	류은	32	새들은 시험 안 봐서 좋겠구나	한국글쓰기 연구회
6	나는 선생님이 좋아요	하이타니 겐지로	33	새처럼 날고 싶은 화가 장욱진	김형국
7	나무가 되고 싶은 화가 박수근	김현숙	34	쉽게 읽는 백범일지	김구
8	나에게는 꿈이 있습니다	김주희	35	시간의 주름	매들렌 렝글
9	나의 라임오렌지 나무	J.M. 바스콘셀로스	36	아버지의 편지	정약용/한문희
10	너는 나의 달콤한 □□	이민혜	37	안네의 일기	안네 프랑크
11	너도 하늘말나리야	이금이	38	어린왕자	생텍쥐베리
12	달빛 마신 소녀	켈리 반힐	39	어린이와 청소년을 위한 열하일기	박지원/박지숙
13	도착	숀탠	40	우주호텔	유순희
14	동물농장	김동욱 역	41	일수의 탄생	유은실
15	똥 싼 할머니	이옥수	42	자전거 도둑	박완서
16	레 미제라블	빅토르 위고	43	장기려, 우리 곁에 살다 간 성자	김은식
17	로봇소년 학교에 가다	톰 앵글버그	44	전쟁은 왜 일어날까	질 페로
18	로봇친구 앤디	박혜경	45	점득이네	권정생
19	마사코의 질문	손연자	46	주병국 주방장	정연철
20	마지막 거인	프랑수와 플라스	47	지엠오 아이	문선이
21	마틴 루터 킹	권태선	48	창가의 토토	구로야나기 테츠코
22	만국기 소년	유은실	49	책과 노니는 집	이영서
23	모모	미하엘 엔데	50	책비	김은중
24	문제아	박기범	51	청소녀 백과사전	김옥
25	바람처럼 달렸다	김남중	52	클로디아의 비밀	코닉스버그/햇살과나무꾼
26	봉주르 뚜르	한윤섭	53	통조림 학원	송미경
27	불량한 자전거 여행	김남중	54	해를 삼킨 아이들	김기정